HOMMAGE AU TSAR

LE TSAR ET LA TSARINE

EN

FRANCE

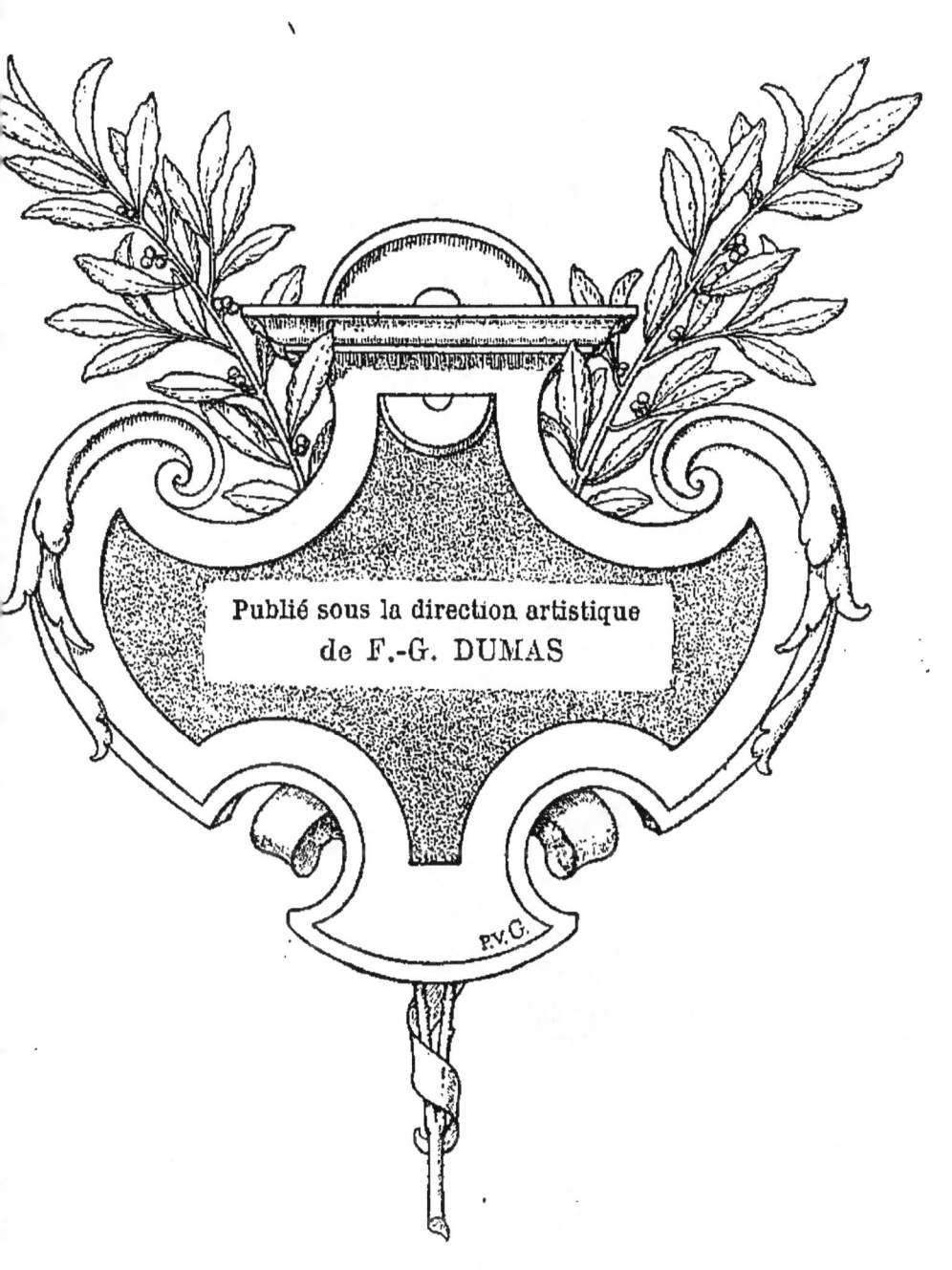

HOMMAGE AU TSAR

LE TSAR ET LA TSARINE

EN

FRANCE

PRÉFACE
DE
FRANÇOIS COPPÉE
DE L'ACADÉMIE FRANÇAISE

ANCIENNE MAISON QUANTIN
LIBRAIRIES-IMPRIMERIES RÉUNIES
7, rue Saint-Benoît, 7
May et Motteroz, Drs.

Hommage au Tsar — La Russie pacificatrice — Edme Couty, inv.

PRÉFACE

Un *recueil de belles images, représentant dans tous leurs détails les fêtes franco-russes du mois d'octobre 1896, une exacte et complète iconographie du voyage en France du Tsar et de la Tsarine, voilà, certes, une publication dont le succès est certain d'avance et pour lequel toute recommandation semble inutile et toute préface superflue. Ceux qui se trouvaient à Cherbourg, à Paris, à Versailles ou à Châlons pendant ces inoubliables journées, voudront posséder ce livre pour le feuilleter souvent en se disant : « J'y étais »; et ceux qui n'ont pu assister à tant de scènes émouvantes et grandioses, en rencontreront du moins ici l'évocation pittoresque. Chez les uns, ces estampes entretiendront de précieux souvenirs; chez les autres, elles diminueront des regrets importuns. Ajoutons que le texte de cet ouvrage est signé des noms les plus justement aimés, et nous en aurons assez dit pour faire partager notre confiance dans l'heureuse fortune qui l'attend.*

Sur la première page de ce livre, il est pourtant nécessaire d'exprimer, une fois de plus, le sentiment qui demeure dans toutes les âmes françaises, depuis le séjour des souverains russes parmi nous, et surtout depuis les paroles décisives par lesquelles Nicolas II a publiquement proclamé l'alliance entre son empire et notre pays.

Ce sentiment, d'autant plus délicieux qu'il est unanime — hélas! nous avons rarement cette joie au milieu de nos divisions, — est fait de confiance et d'espoir.

On peut l'avouer aujourd'hui. La France, après les affreux malheurs qui l'accablèrent il y a vingt-six ans, doutait d'elle-même. Certes, elle ne désespéra jamais. Dès le lendemain de ses défaites, elle se mit courageusement à l'œuvre et n'a jamais cessé depuis lors de travailler à son relèvement. Elle l'a fait avec une énergie, une persévérance admirables, mais il faut ajouter, avec une constante et très légitime angoisse.

Elle ne pouvait oublier, en effet, qu'une de ses frontières était ouverte et entamée, qu'elle avait là, tout près d'elle, de puissants vainqueurs, qui, en abusant de leur victoire, avaient rendu impossible toute réconciliation et que ces ennemis sans pitié, ne se croyant pourtant jamais assez forts, avaient fomenté, contre elle, une formidable coalition.

La France s'armait quand même, sous l'œil menaçant de la Triple-Alliance, et chaque coup de marteau donné sur l'enclume où elle forgeait sa nouvelle épée, éveillait, dans toute l'Europe, d'effrayants échos. Partout on calomniait la noble nation; et, tandis qu'elle ne songeait qu'à sa sécurité, on lui prêtait des rêves de conquête et de vengeance.

C'est un long espace de temps qu'un quart de siècle. Nous l'avons vécu avec honneur, mais dans l'inquiétude et dans la tristesse, ayant toujours présente à l'esprit la redoutable éventualité d'une agression soudaine, fidèles à notre douloureux serment de rester patients et pacifiques devant toutes les provocations, nous rappelant que si la victoire un contre trois est possible — comme nous le prouvâmes jadis — elle est néanmoins douteuse, et résignés à subir bien des humiliations et bien des outrages plutôt que de déchaîner le fléau de la guerre et de risquer, dans une lutte inégale, le sort de notre patrie.

Ayons la franchise de le déclarer. Depuis 1871 et le traité de Francfort, la France a toujours été oppressée par ce cauchemar.

Aujourd'hui, grâce à l'alliance de la France et de la Russie, quel soulagement! Nous respirons! Car, maintenant, nous en sommes bien sûrs, il ne s'agit plus seulement d'une vague et platonique sympathie de peuple à peuple, mais d'une « confraternité d'armes ». Nicolas II l'a dit en propres termes, dans son toast d'adieu, et il a scellé le pacte, à la gare de Châlons, par deux loyaux baisers sur le visage du Chef de l'État français.

Tout est changé. Nous tenons le centre de l'Europe entre les deux mâchoires d'un étau. A la première insulte, nous serrerons la vis.

Qu'en dis-tu, vieux Bismarck? Il me semble que nous voilà loin de tes joyeux « propos de table », lorsque tu choisissais, à Versailles, entre deux bouffées de pipe, le moment psychologique pour commencer le bombardement de Paris. Elle est bien malade, ta Triple-Alliance, et ton édifice se lézarde et s'effrite de toutes parts... Ah! puisses-tu vivre jusqu'à cent ans, dans ta retraite hantée de spectres, ex-chancelier de fer, pour voir, autour de toi, écroulée et en ruine, ton œuvre de violence et de fourberie!

Cela, c'est l'espoir. Soyons sages et attendons — mais avec confiance, désormais — que s'accomplissent les destins.

A quoi rêve le Tsar aux yeux d'acier?

Comme son père, qui fut un généreux cœur et qui, se sentant le plus fort, prétendit être aussi le plus juste, le fils veut-il seulement maintenir l'équilibre actuel de l'Europe, la paix armée? Soit, restons le fusil au bras, mais sans nous gêner cependant et sans crainte d'en faire sonner la crosse sur la frontière. L'automne prochain, c'est le plus près possible de Metz que j'aimerais à voir se déployer les grandes manœuvres.

Le jeune Empereur est-il secrètement tourmenté par le traditionnel idéal du monde slave? Rêve-t-il de rejeter la barbarie turque au delà du Bosphore et de faire resplendir la croix grecque sur le dôme de Sainte-Sophie? Pourquoi pas? Mais le jour où les Cosaques pénétreront au galop dans les ruelles du vieux Stamboul, il est bien entendu qu'à Strasbourg, un bataillon français présentera les armes à la statue de Kléber.

Telles sont les pensées qui s'agitaient confusément dans l'esprit des quatre millions de Français accourus sur le passage de Nicolas II, et qui ont donné, aux cinq jours des fêtes d'octobre, un caractère si solennel.

Au déclin de ce siècle, nous assistons à un spectacle inouï, à l'accord parfait, à l'accord d'esprit et de cœur, d'un autocrate commandant en maître absolu à une force immense, et d'une puissante république où il est écrit dans la loi que tous les citoyens sont égaux et libres. Quelles seront les conséquences de cet acte sans précédent, et la destinée, qui se joue des projets des hommes et de la rigueur des principes, nous réserve-t-elle, pour le siècle tout prochain, des révolutions qui changeront la face de l'Europe et de l'humanité? Que savons-nous? Un irrésistible instinct, que dis-je? les meilleurs et les plus purs sentiments qui soient dans nos âmes nous poussent de ce côté et nous y montrent un magnifique espoir pour la patrie; et tandis que l'Histoire, de sa plume impassible, inscrit, au bas d'un feuillet, cet événement extraordinaire, nous attendons, frémissants d'impatience, qu'elle tourne la page et que se déroule devant nous le mystérieux avenir.

FRANÇOIS COPPÉE
de l'Académie Française

Hommage au Tsar   Phot. Lewitzky

L.L.M.M. L'Empereur et L'Impératrice de Russie
S.A.I. La Grande Duchesse Olga

NICOLAS II

En peu d'années les deux plus grands empires d'Europe ont changé de chef. L'immensité de l'un, l'étonnante fortune de l'autre reposent sur les deux têtes les plus jeunes parmi ceux que leur naissance désigne pour commander aux hommes.

Quelles différences entre les Empereurs d'Allemagne et de Russie, visibles dès le premier jour de leur avènement! Tous deux sont appelés au trône avant l'heure qu'ils pouvaient croire marquée, par un de ces coups en quelque sorte providentiels qui avertissent les peuples et les rois d'avoir à tendre toutes les forces de leurs âmes pour soutenir leur prospérité et leur destinée. Tous deux sont également conscients de la gravité de leur héritage, pénétrés de leur responsabilité devant Dieu et devant les hommes, vrais monarques de ce temps incertain, riche en vicissitudes, qui ont imposé au pouvoir souverain un autre idéal que la magnificence et la gloire.

L'un affiche d'emblée la confiance et la résolution d'un être plus qu'humain que des lumières surnaturelles garantissent de l'erreur. Il affirme son désir, sa volonté de diriger, avec ses sujets, le chœur des nations, d'être pour tous la loi, la vérité et la vie. Comme il est dit dans le psaume, il se fait un escabeau de la tête des puissants, il les brise comme verre; il est impatient de réaliser, et tout seul, les idées, les rêves de son impérieuse générosité. Il intéresse, il inquiète aussi comme une énigme. Il force beaucoup de sympathies, il éveille autant de craintes.

L'autre met d'abord sa confiance dans l'assistance du maître des rois et prend son appui en dehors de lui-même, dans les seuls conseillers qui ne trompent pas : les leçons et les exemples d'un père. Il ne rompt le silence que pour assurer ses peuples de tout son cœur et de toute sa justice. Puis il rentre dans le silence; il observe. Le moment venu, quand il se sent prêt et sûr de lui, il se manifeste avec une résolution que rien ne détourne ni n'arrête. Il ne rêve pas d'être les délices du genre humain ni de ravir l'empire universel des âmes, mais il a mesuré exactement l'étendue de la mission et il va où il a délibéré d'aller.

Tel fut Nicolas II dès son enfance, tel il s'est montré dès ses premiers pas sur la scène du monde. Rien dans sa manifestation publique n'a démenti sa nature intime. Ceux qui ont vu le prince écolier au foyer de famille du simple palais Anitchkof le retrouvent dans l'Empereur, grandi, mûri, mais resté absolument lui-même. Dès l'enfance il avait la gravité simple, l'aménité des manières, la retenue avec des échappées spontanées de bonne grâce familière. C'est ainsi que Paris l'a vu et l'a aimé. Au cours de ces fatigantes journées de représentation, couronnement d'un fatigant voyage, l'Empereur, malgré sa lassitude, se faisait tout à tous, se plaisait à plaire, sans effort, sans calcul. A l'entrée des souverains à la Manufacture de Sèvres, des fillettes jettent des fleurs. Nicolas II se baisse, ramasse un des petits bouquets et l'offre à l'Impératrice, comme un brave homme heureux de fleurir sa femme. Au Louvre, en passant devant un groupe d'invités, il avise un de nos peintres de renom qu'il a connu à Pétersbourg. Il quitte la tête du cortège et retourne de quelques pas en arrière pour serrer la main de l'artiste. Toute la bonté foncière d'Alexandre III reparaît dans ces deux simples gestes.

Qui a vu de près, fût-ce une seule fois, Alexandre III ne pourra jamais oublier le contraste de bonhomie et de pénétration qui caracté-

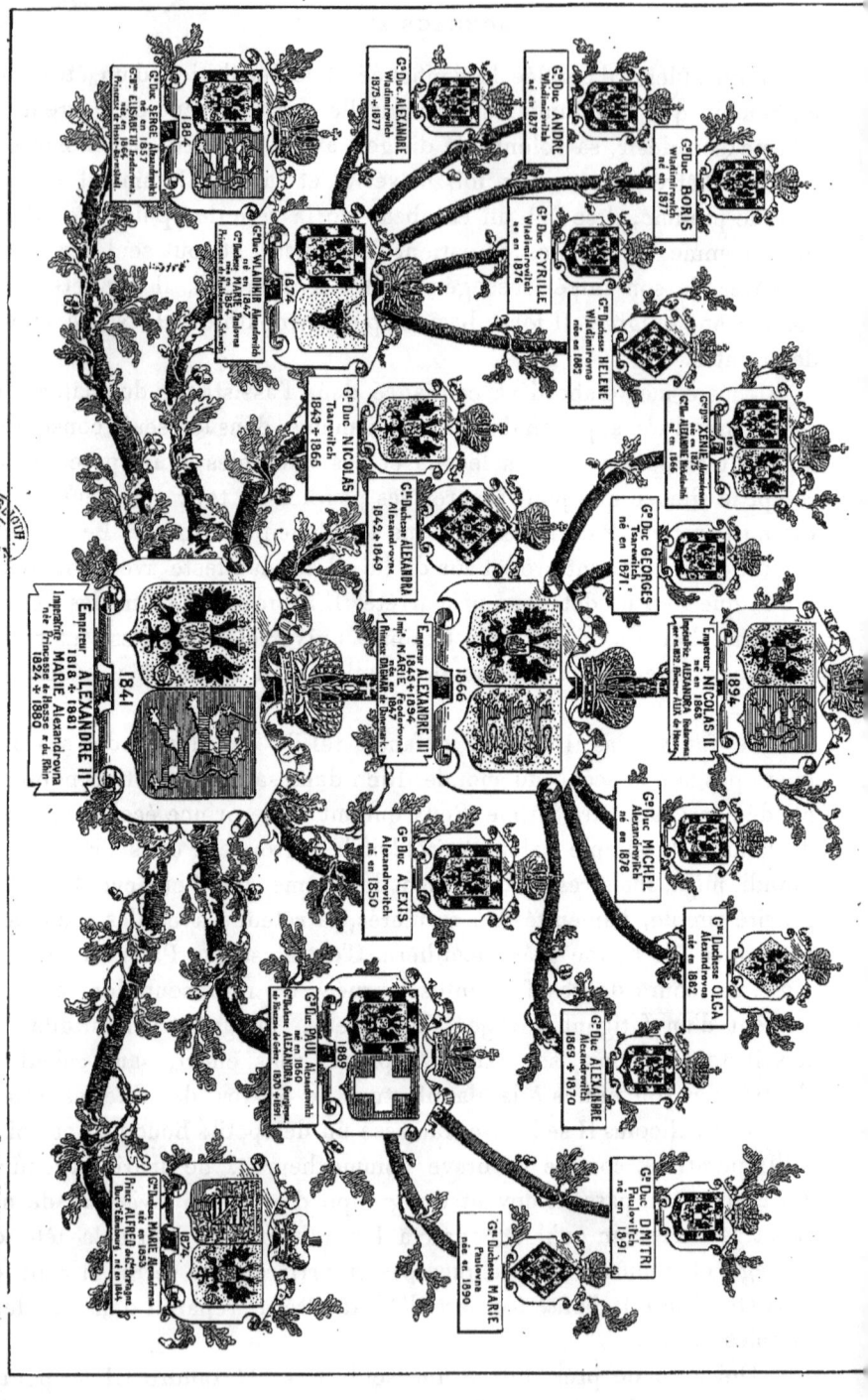

Tableau héraldique et généalogique des huit quartiers paternels et maternels de S. M. l'Empereur Nicolas II

Comte Hallez d'Arros.

(Communiqué par « l'Illustration ».)

risait cette figure. Ce qui frappait surtout, c'était cet œil investigateur dont on emportait le regard fiché au plus profond de l'âme comme un coup de sonde. Moins fouilleur et moins obsédant, plus indulgent peut-être, l'œil de Nicolas II a le même rayon honnête et ferme, quand il veut bien voir. Dans le jeune Empereur, lentement mais sûrement, renaît son père. C'est la même âme, à coup sûr, et la même droiture.

Qui ne se souvient de l'étonnement de l'Europe quand Alexandre III, qui ne parlait guère, déchira un jour, d'un mot, les fictions diplomatiques d'alors? « Je bois, dit l'Empereur dans un dîner de cour, au prince de Monténégro, le seul ami de la Russie! » Le coup était droit et dur. Il le redoubla à Cronstadt, et avec quelle éloquence, le jour où sans mot dire, il se découvrit aux accents de la républicaine *Marseillaise*. Nicolas II n'a pas de ces franchises frappantes, mais ses paroles plus réservées sonnent le même accent et ont le même poids. Il a fallu bien de la subtilité pour essayer d'amoindrir la portée toujours plus grande des toasts de Cherbourg, de Paris, de Châlons : et malgré les gloses les plus ingénieuses, le bon sens universel a bien saisi qu'il y avait quelque chose de changé en Europe quand Nicolas II eut parlé de l'étroite confraternité d'armes entre les anciens adversaires de Crimée, lui qui avait omis naguère de faire allusion à celle des anciens alliés de 1814 et de 1815. Il a bien fallu admettre qu'une période de l'histoire était close et qu'une autre toute nouvelle s'inaugurait : qu'entre l'Allemagne et la France, l'Empereur de Russie avait, en son for intérieur, fait son choix.

Naguère encore, que de ressemblances entre Allemagne et Russie, entre leurs souverains, leur politique, leurs conseillers! Depuis le commencement du siècle, monarques et généraux avaient chevauché botte à botte les mêmes champs de bataille; leurs ministres s'étaient assis côte à côte devant le tapis vert des Congrès; leur entourage, leurs familiers s'appelaient des mêmes noms, si bien que ces souverains frères semblaient tenir la même cour à Berlin et à Pétersbourg. Une aristocratie internationale pour laquelle le Niémen n'existait pas, était établie à cheval sur les deux États, et son influence multiple, irresponsable, étrangère exerçait, grâce à la faveur des souverains russes, un véritable pouvoir dont le sentiment national gémissait. Ainsi se perpétuaient des traditions et des liens plus forts parfois que la plus puissante des volontés.

Avec un coup d'œil qui le met au rang des grands politiques, et l'intuition de cœur d'un véritable père du peuple, Alexandre III rompit ce funeste charme. Un sort envieux a eu beau le ravir au milieu de son œuvre, elle apparaît clairement en son dessin : c'est la restauration d'un État national guidé par un souverain national dans une mission nationale.

Le testament politique qu'il a laissé à son fils et héritier, dans ses dernières paroles, quand ils furent seul à seul, on peut le deviner : avant tout, achever la Russie nationale, et lui assurer au delà du cercle des forces voisines et naturellement hostiles, une puissante et sincère amitié. Ce testament, Nicolas II l'accomplit avec piété et avec confiance.

L'Empereur de Russie et le Peuple de France se sont unis par un de ces sentiments plus forts même que les affinités naturelles : leur amitié a été scellée, à y bien regarder, par un revers commun. Le même coup qui a failli accabler la France avait été, malgré de brillantes apparences de triomphes diplomatiques, un coup pour la Russie. Les désillusions du traité de Berlin étaient en germe dans le Congrès de Londres, 1870 présageait 1878. Il fallut qu'Alexandre III répudiât la politique d'un demi-siècle pour que l'Empire russe regagnât, avec sa liberté, son pouvoir d'arbitre de l'Europe. Comprenons bien qu'il nous invite à le partager avec lui pour la paix des nations.

L'amitié de la Russie et de la France n'est pas une coalition de vengeance ni de crainte. Le sort des peuples, malgré les apparences, ne repasse pas deux fois par les mêmes chemins et jamais une injustice de l'histoire ne se répare par les mêmes voies. L'alliance franco-russe ne veut pas dire guerre, et ses conséquences, qui se dérouleront dans leur ordre et en leur temps, en convaincront le monde.

Nicolas II a su voir, comme son père, d'un simple et droit coup d'œil et par une intuition de cœur ce que voulaient lui cacher des esprits intéressés ou des esprits trop fins que trompent leurs propres finesses. La France est clairement apparue avec la généreuse candeur dont témoigne toute son histoire, à ce prince jeune et généreux comme elle. Il a conquis et il a été conquis. Il a eu le courage de venir voir en face ce peuple lointain et orageux qui fait peur aux petites âmes : il est venu, il a vu, il a été détrompé. L'union de la Russie et de la France est un acte de foi.

Ils en ont bien la conscience et la merveilleuse intuition, les deux peuples dont la voix est, suivant le beau mot religieux d'autrefois, l'interprète de Dieu. L'élan qui les a portés l'un vers l'autre est un de ces « impondérables » que la diplomatie de cour et de chancellerie ne connaissait pas, que le grand et ironique calculateur de politique réaliste se voyait forcé naguère de reconnaître, le désarroi dans l'âme. Les nations aiment d'instinct comme les princesses des légendes, et leurs aversions ou leurs amours sont puissants comme les forces mêmes de la nature. Ainsi la France aime la personnification de la Russie, son souverain, sa tête et son cœur. La France n'a jamais retiré la main qu'elle avait une fois donnée. Comme noblesse de sang, noblesse d'âme oblige. Nicolas II est sûr du peuple français comme le peuple est sûr de lui. Il est des émotions qu'on ne peut oublier, des paroles qu'on ne renie jamais.

Les « politiques » qui en sont encore au scepticisme peuvent méditer l'admirable mot de Castelar : « Lorsque Colomb songea à l'Amérique, peut-être l'Amérique n'existait-elle pas, mais alors Dieu l'eût fait sortir des mers pour récompenser tant de foi. »

TH. LINDENLAUB

ALEXANDRA FEODOROWNA

Et la Tsarine? demandaient les Parisiens, le soir du 5 octobre, aux arrivants de Cherbourg.

A quoi ceux-ci, sans même prendre le temps de la réflexion, invariablement répondaient :

— La Tsarine?... Elle est charmante.

Et quel autre mot, en effet, eût mieux dépeint ces traits d'une rare distinction, ce clair regard plein de douceur et de jeunesse, cet aimable sourire, cette grâce captivante, en un mot, qui nous est apparue comme un rayon de soleil et d'espérance et qui, d'emblée, nous a conquis, tous tant que nous sommes?

Mais, si telle fut la première, l'inoubliable impression, quelle ne devait pas être celle du lendemain lorsque, de tous côtés, le bruit se répandit qu'à ces dons d'une incomparable séduction la jeune Impératrice joignait de très remarquables qualités de cœur et d'esprit?

Par l'élévation de ses idées et l'exquise délicatesse de ses sentiments, non moins que par une bienveillance et une simplicité attirantes, — par un je ne sais quoi aussi de prime-sautier et d'enjoué, elle gagna tous ceux qui eurent l'honneur de l'approcher et bientôt l'admiration de la veille se changea en un véritable engouement.

N'était-ce pas, d'ailleurs, un présage du charme qu'elle exercerait un jour que ce coquet et symbolique surnom de *Sunny* — en français, « ensoleillée » — qui lui fut donné à son berceau. Elle eut beau être baptisée ensuite sous le prénom d'Alice, le joli petit nom de *Sunny* lui resta pendant longtemps, tant il lui seyait, et il nous semble à nous, depuis que nous l'avons vue, qu'il ne lui messiérait point même aujourd'hui.

Cette grâce, ce rayonnement, cette faculté de plaire, la Tsarine les tient de sa mère la princesse Alice d'Angleterre, mariée, comme on sait, au grand-duc de Hesse. Le comte Granville, qui nous a laissé des mémoires si intéressants et si documentés sur la famille royale d'Angleterre, dépeint la princesse Alice comme « brillante, vive, enjouée et on ne peut plus séduisante », et, précisant ses souvenirs, le noble lord ajoute que, « dès sa plus tendre enfance, la princesse fut, au dire même du prince Albert, son père, la beauté de la famille ».

Elle fut, en tout cas, la fille préférée du Prince-consort, auquel l'unissait une étroite communauté d'idées et de sentiments et elle veilla à son chevet pendant sa dernière maladie, avec une si admirable piété filiale que cela fit dire par la suite à la reine Victoria qu'elle avait été « la consolation et le soutien de son père ».

Mère exemplaire, elle éleva ses enfants dans le respect des traditions d'honneur et d'union familiale, s'appliquant à développer en eux les vertus domestiques, les qualités modestes et solides qui sont les plus sûrs garants des joies intimes de la vie, qualités qu'elle avait appris à apprécier à Windsor, à Osborne et à Balmoral. Et c'est ainsi qu'on a pu dire que la Tsarine, quoique née et élevée au palais de Darmstadt, était Anglaise par l'éducation. Rien n'est plus exact. Elle a été à l'école de sa mère et de sa grand'mère, la reine Victoria, qui n'a cessé d'entourer de la plus vive sollicitude les jeunes années de la petite princesse, orpheline de très bonne heure.

Les enfants de la grande-duchesse Alice de Hesse, morte, comme on se le rappelle, à trente-cinq ans, furent, au lendemain même de ce triste événement, adoptés pour ainsi dire par la famille royale d'Angleterre. Ce fut à qui, parmi les princesses, filles, belles-filles et petites-filles de la reine Victoria, comblerait de soins et d'attentions les

Tableau héraldique et généalogique des huit quartiers paternels et maternels de S. M. l'Impératrice Alexandra-Féodorowna

orphelins laissés à la charge de leur père, le grand-duc Louis, abîmé dans la douleur. Mais ce furent les jeunes princesses surtout, la princesse Béatrice, les princesses Victoria, Louise et Maud de Galles, qui s'attachèrent à cette mission maternelle et douce. Et c'est au milieu de cette chaude affection que la Tsarine grandit.

Aussi quand il fallut songer au dénouement du roman tout imprégné de poésie qui devait plus tard poser sur sa jolie tête la couronne impériale, est-ce auprès de la famille de sa mère que la princesse Alice se réfugia pour demander conseil.

On sait quelles furent les péripéties de cette idylle princière, aussi patriarcale, aussi naïve que si de simples petits bourgeois en eussent été les héros. La jeune fille, placée entre sa tendresse inavouée pour le Tsarewitch et la nécessité dans laquelle elle se trouverait, en l'épousant, d'embrasser la religion orthodoxe, hésita longuement à confesser qu'elle partageait les sentiments du futur Empereur de Russie et ne s'y décida que lorsque sa grand'mère, la reine Victoria, eut levé tous ses scrupules religieux.

— Tu ne l'aimes donc pas? lui avait-on dit, pour vaincre sa dernière hésitation.

— Oh! comment pouvez-vous dire cela! s'était-elle écriée en fondant en larmes.

Le Tsarewitch n'était pas loin et les larmes furent vite séchées.

C'est ce mariage d'amour, d'une touchante simplicité, qui nous montre, mieux que tous les actes officiels, tous les toasts, toutes les déclarations, le couple impérial sous son vrai jour.

— Ce sont d'honnêtes gens! disait dernièrement à un de nos diplomates les plus éminents un membre de la haute société pétersbourgeoise venu à Paris pour les fêtes russes.

Bel éloge, à coup sûr, le plus beau peut-être de tous ceux qui se puissent adresser à des personnages de ce rang...

La princesse Alice de Hesse en devenant l'impératrice Alexandra-Feodorowna a changé de nom, de religion et de nationalité. Le mariage lui a ainsi donné une personnalité absolument nouvelle. Allemande d'origine et Anglaise d'éducation et de goût, elle est aujourd'hui Russe, rien que Russe, et elle l'est, dit-on, passionnément. Cette transformation s'est opérée et achevée sans secousse, comme en une évolution normale et toute naturelle. On a beaucoup dit, avant son arrivée à Paris, que l'impératrice Alexandra était antifrançaise. On était même allé jusqu'à prétendre qu'elle n'accompagnerait pas en

France son auguste époux. Mais les faits se sont chargés de démentir le dernier de ces bruits et le premier, croyons-nous, ne reposait sur rien de sérieux.

Que nous importe, au surplus, si elle a su s'attirer toutes nos respectueuses sympathies et si, comme on n'en saurait douter, elle a gardé de son séjour parmi nous une impression qui, dissipant à tout jamais les préventions vagues qu'elle avait pu concevoir contre notre pays avant de le connaître, les a remplacées dans son esprit par des dispositions bienveillantes qui n'en seront que plus durables et plus flatteuses pour notre amour-propre ?

A. DE MAUGNY

Les Voici!

La passerelle du « Bouvines » au moment de la rencontre

Entrée de l'*Etoile polaire* dans le port militaire de Cherbourg.

L'amiral Escande
donnant les derniers ordres.

LA JOURNÉE
DE CHERBOURG

I

LA RENCONTRE EN MER

Sept heures du matin. L'escadre du Nord, par la tempête qu'on sent furieuse au large, appareille pour aller au devant des deux yachts russes impériaux : *l'Etoile-Polaire*, *Standard*. Les sabords fermés, tous les canons bridés, maintenus derrière, par des chaînes d'acier, les cuirassés énormes, à quatre cents mètres les uns des autres, *le Charles-Martel*, *le Jemmapes*, *le Dupuy-de-Lôme*, *le Chasseloup-Laubat*, *le Jean-Bart*, plusieurs encore, en tête, *le Hoche*, avec le pavillon du vice-amiral de Prémesnil et, en queue, plus légers, comme des libellules

Phot. P. Petit

Le grand Hall de réception dans l'arsenal.

géantes, huit torpilleurs ou contre-torpilleurs, ces masses sombres aux silhouettes bizarres, forteresses en marche, plus noires encore et plus farouches sur l'eau houleuse et sous le ciel bas aux lourds nuages gris — d'où tombent, chassées en rayures cinglantes, par un vent d'ouest épouvantable, des rafales de pluie, — toutes ces masses étranges sortent en monôme de la rade.

Les passes franchies, — tandis que l'océan se creuse de vallées noires, que des vagues formidables s'entre-choquent, battant les hauts murs de fer des navires, — ils se forment quand même, dans l'écume et le hurlement des flots, en deux files; et ainsi, parallèlement, à mille mètres de distance, le cortège de monstres — à la fois perdus et agrandis dans la brume, le brouhaha de l'eau furieuse, à l'infini des crêtes poudroyantes de mousse blanche des vagues monstrueuses comme Eux — le cortège de monstres s'en va, toujours, dans les deux files parallèles, les vaisseaux à quatre cents mètres d'intervalle. Le vent ulule et, traînant la pluie, de ses zébrures livides fouette les cordages qui ont d'aigus sifflements et, si on en écoute un de près, font pourtant comme un pépiant babil d'oiseaux en avril, dans la rage continue du vent et de la pluie.

Enfin, une éclaircie. Quelques rayons de soleil trouent la voûte mouvante de gros nuages allant et venant toujours par bandes ténébreuses, mais en charges moins galopantes sur la mer tumultueuse ; et même, plusieurs minutes, un arc-en-ciel luit, jette à l'horizon une immense écharpe aux bouts effilochés dans l'écrêtement incessant des vagues.

Neuf heures.

Deux croiseurs, — *le Friant, le Chasseloup-Laubat* — par ordre de

Le *Hoche*, vaisseau amiral.

l'amiral, se détachent et s'en vont, à toute vapeur, prendre position à neuf milles en avant pour signaler les yachts impériaux, sitôt aperçus. Une heure encore ; enfin, les signaux de navires en vue ; et, immédiatement, les deux éclaireurs géants se rabattent sur l'escadre toujours poursuivant sa route. Bientôt, les deux yachts russes apparaissent à l'horizon, *l'Étoile-Polaire*, d'abord, avec le drapeau impérial — distingué à la lunette marine — jaune aux aigles noires, au milieu de l'escadre anglaise qui s'avance formée aussi, avec mille mètres de distance, en deux colonnes. On hisse sur la flotte française le petit pavois, le pavillon russe à la cime du grand mât ; et tous les navires commencent la salve réglementaire de cent un coups de canon.

Alors, sur la mer toujours violente, mais dans une accalmie de la pluie, des éclairs sillonnent des nuages de fumée qui s'échevèlent aux galopades grises du ciel, des détonations grondent de tous les côtés ; les musiques jouent l'hymne russe ; et l'océan mêle, en dominant tout presque, aux salves solennelles des canons de deux nations le mugissement profond et sans trêve de ses flots qui ballottent le yacht où sont

Leurs Majestés l'Empereur Nicolas II et l'Impératrice Alexandra Feodorowna,

comme une petite coquille de noix,

pendant que les deux files de l'une et l'autre escadre, ici pour cesser l'escorte, là pour la prendre, exécutent un demi-tour en dehors sur un rayon de huit cents mètres et que les yachts soulevés, secoués à la fois de roulis et de tangage, par les vagues qui les couvrent à chaque ins-

Le *Bouvines*.

tant, continuent leur chemin en droite ligne et se trouvent ainsi gardés maintenant par les vaisseaux français où clairons et tambours sonnent et battent aux champs, où monte la prière des hymnes russes, où les matelots à la bande, bordant tous les bastingages, perchés sur les vergues remuées, crient avec frénésie sept hourras. Or, juste à ce moment, — le Tsar étant l'hôte de la France — le soleil apparut dans un champ de ciel aux nuages emportés ou évanouis, si bien qu'on eût dit, tant les mouvements étaient dans cette rencontre d'une grandeur extraordinaire jusqu'à l'émotion par leur précision parfaite, comme un magnifique et imposant ballet dansé — ô flots gris et verts — autour d'une étoile, — *l'Etoile-Polaire*, — par deux archipels de cuirassés gigantesques.

II

DANS L'ARSENAL

M. Félix Faure, Président de la République, attend, dans le salon de réception, — où resplendit en plein jour, au milieu des panneaux de

Cherbourg. — L'Escadre française rencontre les Yachts impériaux russes

(Gravure extraite du « Monde illustré ».)

pourpre que forment des torpilles automobiles debout, en guise de colonnettes, contre les murs, où resplendit, autour de trois trônes d'or devant un fond d'iconostase une éclosion de soleils électriques — M. Félix Faure, un fils de ses œuvres, attend, la mer étant mauvaise, l'arrivée de Leurs Majestés le Tsar Nicolas II et l'Impératrice.

Il est nerveux, un peu pâle.

L'Etoile-Polaire, enfin, est signalée ; le yacht entre dans le port, au mât le pavillon jaune aux aigles noires. Les canons tonnent, les canons de l'escadre et les canons

Phot. P. Petit

Débarquement des Souverains

des forts. Le firmament, balayé de nuages par le vent, est clair. Une émotion étreint les cœurs.

Un pavillon de bois blanc drapé d'andrinople rouge, a été construit sur un ancien ponton, *le Bisson*, débarcadère prêt ainsi, avec son escalier occupant deux étages à jour, à toute heure de marée. Le pavillon, où est descendu en ce moment le Président de la République, est grouillant d'officiers de la maison militaire qui montent, descendent, remontent : une ruche officielle. Le yacht impérial, dont les matelots sont rangés en bordure à bâbord et à tribord, accoste enfin.

Le Tsar et la Tsarine paraissent, Lui, le cordon de la Légion d'Honneur en sautoir sur un uniforme très simple de capitaine de vaisseau russe, la barbe châtain, les yeux bleus, l'air doux et grave, Elle, élégante et très simple aussi, en robe de voyage de drap beige, collet beige avec collerette de dentelles, le visage gracieux derrière la voilette blanche sous une mignonne capote de roses roses. Les deux Majestés s'engagent sur la passerelle à l'entrée de laquelle se tiennent deux

Phot. P. Petit
Le transport *La Manche*

cosaques de la garde, deux géants barbus et rouges, et où de l'autre côté, s'avance — seul — vers eux, M. Félix Faure. Souhaits de bienvenue; le Tsar serre la main du Président de la République; puis M. Félix Faure, très pâle, incliné profondément, baise les doigts de l'Impératrice. Acclamations et vivats. Au delà, dans l'arsenal, presque désert, de rares invités avaient pu pénétrer avec une autorisation personnelle du ministre de l'Intérieur. Les officiers saluent du sabre ou de l'épée.

Dans le grand hall vitré cependant, le Président, plus pâle du tout maintenant, — simple et digne, la figure avenante et souriante, — passe, après les présentations, donnant le bras à l'Impératrice; à droite du Président marche le Tsar; et, dans le silence respectueux et froid de tous, les invités des tribunes baissent le front, une rangée de dames fait la révérence, tandis que l'Empereur, dont un sourire çà et là, à peine esquissé, un peu inquiet presque, se perd à fleur de barbe, salue en portant la main à son bicorne, et que l'Impératrice séduit tout ce monde officiel. Le cortège traverse ainsi le hall pavoisé pour aller dans le salon diplomatique, à l'autre extrémité. Sur l'exemple du préfet maritime, les officiers délégués des armées de terre et de mer se tiennent alignés, sabre au clair. Six drapeaux de régiments baissent leurs soies tricolores et leurs fers de lances : le Tsar, la main droite approchée de la tempe, salue alors avec une gravité presque religieuse.

Retour à l'embarcadère; le Président de la République, l'Empereur, l'Impératrice, les Présidents de la Chambre et du Sénat, les deux suites militaires montent, à quatre heures, sur l'aviso, *l'Élan*, qui porte, accouplés à son grand mât, à égale hauteur, le pavillon personnel, jaune aux aigles noires, de l'Empereur et celui de M. Félix Faure dont les initiales s'entrelacent dans la bande blanche — sur l'aviso, *l'Élan*, pour la revue de l'escadre qui a repris son mouillage dans la rade. L'aviso passe, glisse sur les flots apaisés enfin, salué par chaque fort et chaque bâtiment de guerre de trente et un coups de canon dont les échos se répercutent. L'aviso s'approche successivement de tous les navires de l'escadre dont les équipages

Hommage au Tsar.

Les paquebots de la Cie G^{le} transatlantique en rade de Cherbourg

A. Brun, del.

5 OCTOBRE 1896

Potage
Bisque de Crevettes

Cassolettes Pompadour

Truite de la Loire Braisée au Sauternes

Filet de Pré-Salé aux Cèpes
Cailles de Vigne à la Lucullus
Poulardes du Mans Cambacérès

Granités au Lunel
Punch à la Romaine

Bartavelles et Ortolans Truffés Rôtis
Pâté de Foie Gras de Nancy
Salade

Asperges en Branches sauce Mousseline

Glaces Succès

Dessert

Menu du Banquet de Cherbourg, composition de Léon COUTURIER.

à mesure poussent les sept hourras. Revue particulière à bord du cuirassé *le Hoche*.

Et repos. Mais, à la nuit, comme on avait hissé les fanaux à bord du yacht *l'Étoile-Polaire*, à un coup de sifflet, tous les marins s'alignent sur le pont, leur béret à liséré jaune à la main. La musique joue un cantique, puis dans le crépuscule, une sonnerie de clairons, un roulement de tambours, et, sur la passerelle centrale, le Tsar apparaît à peine visible dans les ténèbres qui commencent. Il ôte son bicorne, fait un signe de croix que tous les marins répètent, dit à voix haute une courte prière close par un nouveau signe de croix. Et, à la fois pape et empereur, il quitte la passerelle, aux sonneries des clairons, aux roulements des tambours. En vérité, ce spectacle, vu seulement de quelques personnes, était grandiose.

Un peu plus tard, l'arsenal mystérieux — où stoppent côte à côte le train présidentiel et le train impérial — s'allume de lumières. Puis, dans une vaste salle à manger tendue de damas et de soie réséda, aux lustres ingénieux composés par l'arsenal, de toutes sortes de pièces d'armes détachées, et close du côté du hall vitré par une merveilleuse portière en tapisserie, — à la fin du banquet, les deux premiers toasts amicaux sont échangés. Et M. Félix Faure, d'une voix ferme, très noblement, porte en ces termes la santé des souverains russes :

C'est avec une grande joie que, accompagné du président du Sénat et du président de la Chambre des députés, j'ai reçu aujourd'hui Votre Majesté Impériale et Sa Majesté l'Impératrice.

Le Président de la République est certain de répondre aux sentiments de la nation, en se faisant l'interprète des vœux unanimes qu'elle forme pour la famille impériale, pour la gloire du règne de Votre Majesté et pour le bonheur de la Russie.

Demain, à Paris, Votre Majesté sentira battre le cœur du peuple français et l'accueil qui sera fait à l'Empereur et à l'Impératrice de Russie leur prouvera la sincérité de notre amitié.

Votre Majesté a voulu arriver en France escortée par une de nos escadres : la marine française lui en est reconnaissante. Elle se rappelle avec orgueil les nombreuses marques de sympathie dont l'entoura Votre auguste père et la part qu'il lui a été donné de prendre aux manifestations de Cronstadt et de Toulon.

En souhaitant à Votre Majesté la bienvenue sur le sol de la République, je lève mon verre en l'honneur de l'Empereur et de l'Impératrice de Russie.

Ce toast écouté dans un impressionnant silence par tous les assistants, la musique de la flotte a joué aussitôt l'*Hymne russe*. Et le Tsar répond :

Je suis touché de l'accueil sympathique et cordial qui nous a été fait à Cherbourg. J'ai beaucoup admiré l'escadre qui nous a escortés, ainsi que le bateau-amiral, *le Hoche*.

Revue de l'Escadre en rade de Cherbourg 
Phot. de H. Mairet

L'Escadre tirant des salves pendant la Revue
Phot. de Nadar

En touchant le sol d'une nation amie, je partage les sentiments que vous venez d'exprimer, monsieur le Président.

Je lève mon verre en l'honneur de la nation, de la flotte française et de ses braves marins, et je remercie monsieur le Président de la République pour les souhaits de bienvenue qu'il vient de nous exprimer.

L'Empereur, en terminant, a choqué son verre avec M. Félix Faure, comme celui-ci l'avait fait à la fin de son toast. La *Marseillaise*, ensuite, est écoutée debout.

Après le dîner, on traverse le hall vitré plein d'invités, d'uniformes aux chamarrures d'or; alors, café, causeries, cigares (M. Félix Faure) et cigarettes (le Tsar Nicolas II), dans le salon diplomatique. Le cortège se reforme pour aller recevoir l'Impératrice qui était restée, un peu lasse de l'Océan, sur le yacht *l'Étoile-Polaire*. Enfin, à neuf heures et demie, parmi les illuminations, les rayonnements électriques, les salves de cent un coups de canons tirés par les forts et les navires sur rade qui éclairent la voie par les feux prodigieux de leurs projecteurs, — le train impérial, avec ses très illustres hôtes, l'*Autocrate du premier Empire de la terre*, se met en marche — toute la voie ferrée gardée dans les ténèbres par une double file de sentinelles très proches les unes des autres — pour Paris, capitale de la plus puissante République du monde.

FÉLICIEN CHAMPSAUR

Phot. Pierre Petit

Le débarquement des bagages

Le Tsar, la Tsarine et le Président de la République sur la passerelle du « Bijou »

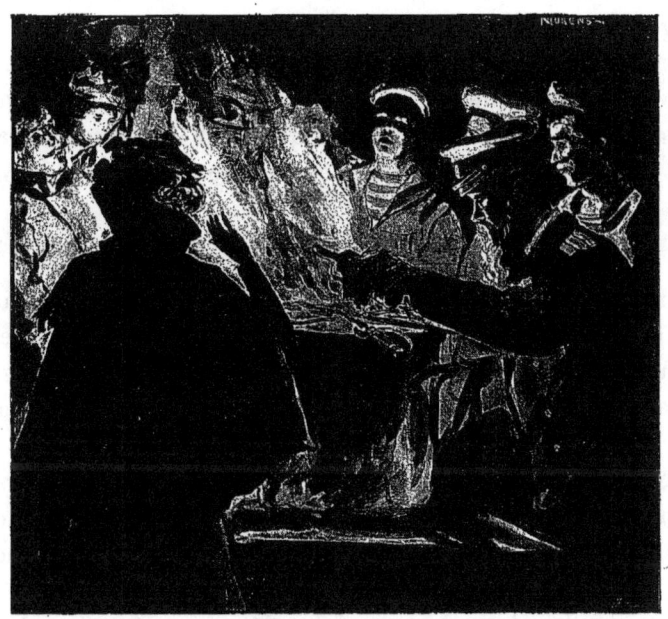

Un Punch à bord du *Standart*
Composition de Moréno

A BORD DU « STANDART »

CLARTÉS

Le canot attend dans la nuit.

Dans le port de commerce toute vie semble morte. Nous nous embarquons à la vague lueur du fanal de cuivre, et silencieusement nous glissons vers les points lumineux qui terminent les jetées, ombres noires sur cette noirceur. Là-bas, en rade, brillent les feux de position de l'escadre, tels des étoiles descendues pour se mirer dans les flots calmes. Puis des clous brillants dessinent un navire, et c'est le *Standart* auquel toutes les ampoules électriques allumées forment une triple ceinture de fête.

Le feu vert de la petite jetée allonge sur la mer son pâle reflet, et subitement la place d'Armes apparaît. C'est là qu'a reflué la foule, car la musique des yachts impériaux s'y fait entendre pour la dernière fois. Vue ainsi du large, elle a l'aspect un peu féerique, cette vieille place. Près du sol, un grouillement de promeneurs; dans les airs, des girandoles de lanternes qui baignent les maisons et les êtres d'une lumière orangée.

Le canot avance et tout à coup, sur cette splendeur rousse, se détache, silhouette géante, le grandiose Napoléon, dont la main tendue vers la mer semble, de son geste prophétique, unir l'escadre de France et les navires de Russie, bercés par la même houle.

BLANCHEUR

Nous avons parcouru tout le navire, depuis les chambres impériales tendues de perses glacées, aux couleurs claires, aimées de la jeune souveraine, jusqu'aux machines d'acier et de cuivre, si propres, si reluisantes dans leur formidable repos, que toute idée de puissance s'envole.

« Que c'est joli! » s'écrie-t-on. Tout à coup, au milieu du navire, afin que soient moins sensibles les plongées du tangage, les balancées du roulis, une porte s'ouvre : « La chambre de la Grande-Duchesse Olga ». C'est une cabine simple, comme celles dévolues à la suite des souverains. Ce qui la change, ce qui la dépayse sur ce yacht où tout est disposé pour le voyage, c'est le tout petit lit blanc où a dormi l'enfant impériale. C'est un petit lit qui parle de foyer, de famille, de caresses tendres. Il est modeste de forme, avec le luxe de ses minuscules matelas recouverts de satin. Il ressemble à un nid ouaté d'oiselet frileux. Il a de hauts rebords tendus d'un filet protecteur pour que la mer méchante ne fasse pas rouler sur le sol le bébé endormi. Et tout bas, je pense à Celle qui, tant épouse et tant mère avant que d'être Impératrice, prie Dieu, là-bas, dans les lointaines montagnes, afin que la petite Olga dorme un doux sommeil dans sa couchette blanche.

FLAMMES

Sur l'immense table du carré, deux matelots ont apporté un grand cylindre de cuivre, tout enveloppé de serviettes. Dessus, trois sabres sont croisés et forment un glorieux trophée. Des bouteilles, des bouteilles, encore des bouteilles s'alignent. Un pain de sucre tout entier est brisé en trois tronçons. Le commandant place le premier sur le croisement des armes et l'arrose de punch. Un craquement d'allumette... le feu est mis. Mais les débuts sont pénibles et il faut recommencer plusieurs fois. Enfin le sucre, imprégné d'alcool, flambe... Un ordre bref... la nuit se fait. Des langues bleues et vertes courent sur le bloc;

de sa main enveloppée d'un mouchoir, le commandant verse de nouveau le punch qu'il prend et reprend dans la bratina d'argent. Des gouttes de feu commencent à pleuvoir du trophée au fond du cratère ; alors, on verse de tous les vins, de toutes les liqueurs ; les vertes Chartreuses, les Sauternes blonds, les Bénédictines d'or, les Saint-Émilion pourprés, et le Champagne rosé où nagent des tranches d'ananas. Alors c'est un embrasement, les flammes forment un lac de feu dans le seau de cuivre, elles s'élèvent par brusques éruptions et jettent leurs fantastiques reflets d'incendie sur les faces d'hommes, de femmes, pressées autour de la table. Elles se tordent en lances multicolores, montent vers le ruissellement de larmes brûlantes qui tombe des sabres entre-croisés.

Dans l'obscurité du vaste carré, dont le centre seul est éclairé d'incendiaires lueurs, des voix s'élèvent, graves et recueillies. C'est d'abord la *Marseillaise* que nous chantons avec toute notre âme, emportée un instant en un sublime délire ; puis l'hymne russe aux larges harmonies, le *Bojé Tsara* tant aimé, pour lequel cœurs français et cœurs russes s'unissent dans un magnifique élan. Par deux fois, par trois fois, plus encore, montent toujours plus grands, toujours plus emportés les chants nationaux des deux peuples. Parfois seulement, ils s'interrompent : les tronçons du pain de sucre sont presque liquéfiés en gouttes de feu, et au moment où chaque fragment va tomber dans le volcan, les Russes chantent une mélopée naïve et mélancolique, sans doute chanson d'autrefois que conservent les traditions fidèles. Le morceau glisse..., disparaît. Vite un autre le remplace et les voix reprennent leur chant, aux lueurs vertes, aux feux de Bengale multicolores qui s'élèvent du seau de cuivre. La flamme court le long des lames de sabres ; les rainures où coulera peut-être un fleuve de sang rouge charrient des traînées de feu. Les chants sont emportés, délirants ; quand le brasier s'éteint, que la lumière des lampes est refaite, les visages sont très pâles, étranges, empreints d'un frisson sacré.

Et tous, soulevés par l'inoubliable scène, nous n'avons pas dit de quels espoirs, de quelles promesses ont bondi à se briser nos poitrines amies, tandis que les torrents de feu ruisselaient sur les lames.

HÉLÈNE BIHEL

Arrivée du Tsar et de la Tsarine à la Gare du Ranelagh

Arrivée à la gare du Ranelagh.

Phot. Gerschell

L'ENTRÉE A PARIS

Le mardi matin, quand dix heures sonnent, le canon des Invalides se fait entendre : il annonce que le train présidentiel a franchi les fortifications. Le Tsar et la Tsarine sont dans Paris. On a la sensation qu'une immense clameur de joie s'élève de la ville entière, et les salue. Quelques minutes après, du Ranelagh, on aperçoit sur la voie du chemin de fer de ceinture, entre deux haies de foule compacte, la locomotive, enguirlandée et fleurie, qui s'avance sans bruit, comme si elle glissait sur les eaux calmes d'un lac, évoquant l'idée d'une apparition féerique moderne. Le train stoppe ; et, les souverains, accompagnés du Président de la République, descendent devant la gare improvisée. Par un sentiment de courtoisie exquise, Paris a voulu recevoir ses hôtes

Passage du Cortège dans les Champs-Élysées.

Phot. G. Worth

sur un point de son enceinte, dans un décor et avec un cérémonial qui, par la simplicité, l'élégance et le goût délicat, fussent comme une sorte de témoignage de sa grâce bien plutôt que de sa puissance. A l'entrée du Bois de Boulogne, parure naturelle de la ville, dans la verdure dorée des arbres, a été élevé un pavillon, dans le style du siècle qui fut le siècle de la grâce. Aux corniches et aux frises ajourées courent des guirlandes de lilas, de chrysanthèmes et de jasmins; les colonnes sont encorbeillées de gerbes d'orchidées et d'amarantes; les

treillages paraissent tissés de tiges de fleurs, et sur les tapis on a effeuillé des roses. Le soleil, après une éclipse de plusieurs jours, éclaire de ses fins rayons d'automne les formes et les couleurs d'une douceur et d'une légèreté infinies. L'air et la nature semblent sourire; la bienvenue la plus tendre s'exhale de partout comme un parfum. C'est l'aurore de la grande fête qui va durer trois jours.

Le pied à peine posé sur la première marche de l'escalier de pourpre qui relie le wagon au quai, les souverains paraissent à la fois émus et charmés; leurs regards rapides, qui se rencontrent dans un échange constant d'impressions

Les Caïds en tête du Cortège.

intimes, vont, de toutes ces choses joyeuses mais discrètes, à la foule heureuse et animée, mais qui ne laisse entendre qu'un murmure d'admiration, car il lui semble que ce soient non point l'Autocrate de toutes les Russies et une Tsarine, mais deux princes charmants qui font leur entrée dans le palais d'une fée, tant il y a en eux de noblesse, de jeunesse et de beauté. L'Empereur a revêtu l'uniforme de colonel du régiment Préobrajenski, aux aiguillettes d'or égayant le ton vert sombre de la tunique; pantalon vert également, à bandes rouges, enfermé dans les demi-bottes d'ordonnance; bonnet noir, sans garnitures, avec le numéro du régiment; il porte le grand cordon de la Légion d'honneur. L'Impératrice est en robe blanche, à collet de satin de même couleur, garnie à l'ourlet de trèfles d'or brodés, avec boa de plumes; sur le chapeau de velours blanc une aigrette blanche se dresse. Le Président de la République, en habit, avec le ruban bleu de l'ordre de Saint-André sur la poitrine, lui donne le bras. Sous le portique, les Ministres se sont rangés en demi-cercle; M. Félix Faure les présente aux Souve-

Passage des Souverains dans le Bois de Boulogne.

rains, que le directeur du protocole introduit ensuite dans le salon d'honneur. Le groupe des invités officiels qui le remplit est d'une physionomie pittoresque, dans la diversité des uniformes et des costumes des représentants de l'armée, de l'Église, de la magistrature et des hautes administrations de l'État, mêlés à quelques fraîches et élégantes toilettes de femmes. Il n'est point prononcé de discours; les dames de l'ambassade de Russie offrent à la Tsarine une corbeille de fleurs. Dans le salon, le cardinal Richard, archevêque de Paris, le général Davout, duc d'Auerstaedt, grand chancelier de la Légion d'honneur, le Président et les membres du bureau du Conseil municipal de Paris; et, sous le portique, les présidents, vice-présidents et secrétaires de la Chambre et du Sénat sont présentés à Leurs Majestés. La garde d'honneur passée en revue, la Tsarine, le Tsar et le Président de la République montent dans une daumont de gala, précédée du piqueur Montjarret. A ce moment, la joie populaire, jusque-là contenue, éclate en acclamations vibrantes, en cris formidables de : Vive la Russie ! Vive la France ! Les souverains, surpris de cette manifestation imprévue, saluent

Passage du Cortège sur la place de l'Étoile

Phot. Fiorillo

gracieusement la foule. Le cortège impérial se forme pour l'entrée dans Paris, cortège pittoresque, imposant, grandiose, qui laissera à tous ceux qui l'ont vu un impérissable souvenir.

Des escadrons de la garde républicaine, de cuirassiers et de dragons, sabre ou lance au poing, ouvrent la marche. Leur allure sévère et puissante provoque d'unanimes applaudissements; le peuple de Paris aime ces fiers cavaliers, personnification vivante des héroïsmes de Reischoffen.

Dans une pensée patriotique touchante, le gouvernement a voulu

Phot. Da Cunha.
Le piqueur Montjarret.

que les soldats de l'Autre France, la France d'Afrique, après avoir été si souvent au danger pour la défense et la gloire de leur nouvelle patrie, fussent à l'honneur en une circonstance aussi solennelle. Un escadron mixte de la cavalerie algérienne défile; en tête, les chasseurs coiffés du taconnet rouge et vêtus du dolman bleu céleste, à collet jonquille; et derrière eux, les spahis, en haïck à corde de poils de chameau ou en turban à gland de laine verte, assis sur leurs hautes selles de maroquin rouge, avec les larges étriers d'acier. Puis vient le groupe de chefs arabes. Ils sont superbes et séduisent, ces grands seigneurs du désert, enveloppés dans leurs amples burnous blancs, dont les cimeterres aux lames damasquinées scintillent sous les coups de soleil, montés sur leurs ardents chevaux, étalons pur sang de généalogies illustres, aux harnachements et caparaçons de maroquin et d'étoffes de soie lamées

Phot. Pierre Petit.
Le Prince Orloff.

d'or et d'argent, flottant au vent à chaque foulée rapide. Plusieurs ont sur leurs épaules l'« arrouich », immense chapeau de plumes d'autruche, et à l'arçon des peaux de panthère, emblèmes héraldiques de leur gloire militaire et de leur fortune. Ils sourient d'orgueil à la foule ; elle les acclame.

Le groupe précède la voiture impériale découverte.

Une gerbe de fleurs, nouée de rubans roses sur les coussins, la blancheur de la robe et de l'ombrelle de l'Impératrice, qui font contraste à l'habit et à l'uniforme sévères du Tsar et du Président de la République, apparaissent à l'imagination parisienne un symbole poétique, qui la ravit et l'exalte. Elle en témoignera son sentiment intense, sur tout le parcours du cortège, par des ovations particulières, faites de tendresse et d'admiration. Derrière la voiture viennent les officiers d'ordonnance attachés à la personne de Leurs Majestés, formés sur un rang de cavaliers dans toute la largeur de l'avenue. C'est la beauté escortée par la jeunesse, héritière d'un siècle de gloire, d'héroïsme et de loyauté : les fils de Chanzy, de Mac-Mahon, etc. Dans deux autres daumonts, six calèches et quatre landaus, suivent les Ministres, les présidents du Parlement et les hauts personnages de la cour : gai papillotage de toilettes féminines des dames d'honneur, de frocs et de bicornes galonnés d'or des diplomates, de casques d'or à cimier d'aigle bicéphale d'officiers de la garde impériale, de hauts schapskas de fourrures blanches à calottes rouges, coupés par des galons d'argent, de dolmans à parements écarlates, des généraux russes, chamarrés de croix, de chapeaux à plumes blanches, de tuniques aux

Phot. Bardin
État-Major dans le Bois de Boulogne.

Chasseurs et Spahis passant devant la Chambre des Députés.

épaulettes d'or et de grands cordons multicolores des officiers supérieurs de l'armée française.

Le parcours du cortège dans le Bois de Boulogne, malgré les haies de troupes, zouaves, turcos, lignards, et la grande foule, ne semble pas être encore la véritable entrée dans Paris. Si chaleureux qu'ils soient, les vivats se perdent dans l'espace, et les curieux sont noyés dans les arbres et les futaies. Ce n'est qu'à partir de la porte Dauphine, dont la décoration ingénieuse, par des pylônes gigantesques de feuillages et de fleurs, les mâts à oriflammes et une aérienne couronne impériale de roses suspendue par des guirlandes de verdure, fait une porte triomphale, d'une délicieuse originalité, que les Souverains auront, dans toute son ampleur, le spectacle d'un peuple entier accouru au-devant d'eux pour les accueillir et les fêter; chaque région de la grande ville parcourue leur réser-

Une bonne nuit repose.

vant une physionomie diverse et toujours plus saisissante. De la porte à l'Étoile, la vaste avenue est emplie d'une multitude, que deux cordons de soldats, alternativement formés par les gardes de Paris, les chasseurs à pied, les dragons et l'infanterie de ligne, maintiennent difficilement, tant elle est impatiente de voir et d'acclamer; les maisons et les hôtels ont leurs fenêtres, terrasses et balcons garnis de spectateurs, les robes claires et les chapeaux fleuris des femmes complétant de façon charmante la décoration des tentures et des drapeaux. Dans ce milieu qui n'est point encore populaire, sur ce point où les habitations sont séparées par une large chaussée, par des pelouses et des contre-allées ombreuses, les voix, les sonneries de clairons, les roulements de tambours perdent de leur sonorité. Le spectacle est tout entier dans cette mer humaine, au bout de laquelle se dresse, comme un phare, l'Arc de Triomphe; mais il est beau, grandiose, et les souverains laissent, sans contrainte, leurs visages en exprimer toute l'émotion. On remarque la pâleur du Tsar, la fixité de son regard, irrésistiblement attiré de ce côté. Il est évident qu'à ce moment les grands souvenirs affluent tumultueusement au cœur de ce souverain absolu de cent millions d'hommes, arbitre de la paix entre les nations.

Quand la voiture impériale a contourné le monument, Nicolas II salue, majestueusement, d'un geste qui est une pensée et un acte; la foule, dont l'âme entre en communion avec l'âme du Souverain, a vu, a compris; et par une immense clameur, pareille au bruit d'une tempête, remercie, consacrant là, avec lui, devant ce

> Prodigieux témoin qui hausse jusqu'aux cieux
> Sur des flancs de granit le renom des aïeux
> Et fait un seuil de gloire à l'immortelle ville,

ce que, le lendemain, avec tant d'éloquence, il définira l'amitié inaltérable de la France

Loueur d'estrades.

La place de la Concorde une heure avant l'arrivée des Souverains.

et de la Russie. Les colosses de pierre semblent s'animer ; on dirait que la "Marseillaise" de Rude domine le bruit de sa voix puissante. Le soleil n'éclaire plus que des casques et des shakos, des fusils, des lances et des épées, des colonnes rostrales et des drapeaux, sur cette avenue merveilleuse de palais, à la perspective infinie dans le nuage de poussière d'or qui l'auréole. Au Bois de Boulogne, Paris s'est montré à ses hôtes dans toute sa grâce ; ici, il leur apparaît dans sa puissance. Après l'oasis des arbres fleuris du Rond-Point, qui met au visage du Tsar un sourire attendri et arrache un cri de surprise à la Tsarine dont la présence semble renouveler ainsi le Miracle des Roses, la place de la Concorde sera pour eux comme l'apothéose de sa grandeur. De quelque côté que se tournent leurs yeux, un monument — le Louvre, la Madeleine, les hôtels

Un patriote franco-russe.

Une haie de dragons. — Phot. Nadar

de Gabriel, les Invalides, Sainte-Clotilde, le Palais-Bourbon, etc. — élève, à travers les pylônes et les oriflammes, au-dessus d'une multitude, à la joie de plus en plus délirante, la splendeur de ses formes, la gloire de ses souvenirs. Les statues des Villes de France, la figure endeuillée de Strasbourg, l'Obélisque des Pharaons forment une garde d'honneur; et, du pont, ils peuvent voir, à l'occident, se profiler sur le ciel bleu la silhouette éclatante de la Ville nouvelle; à l'orient, la Cité, vaisseau symbolique ancré au milieu du fleuve, dont les tours de Notre-Dame et la flèche dentelée de la Sainte-Chapelle sont les mâts qui affrontent fièrement les nuées et la foudre :

Fluctuat nec mergitur.

MARIUS VACHON

Phot. Pierre Petit
Invités officiels.

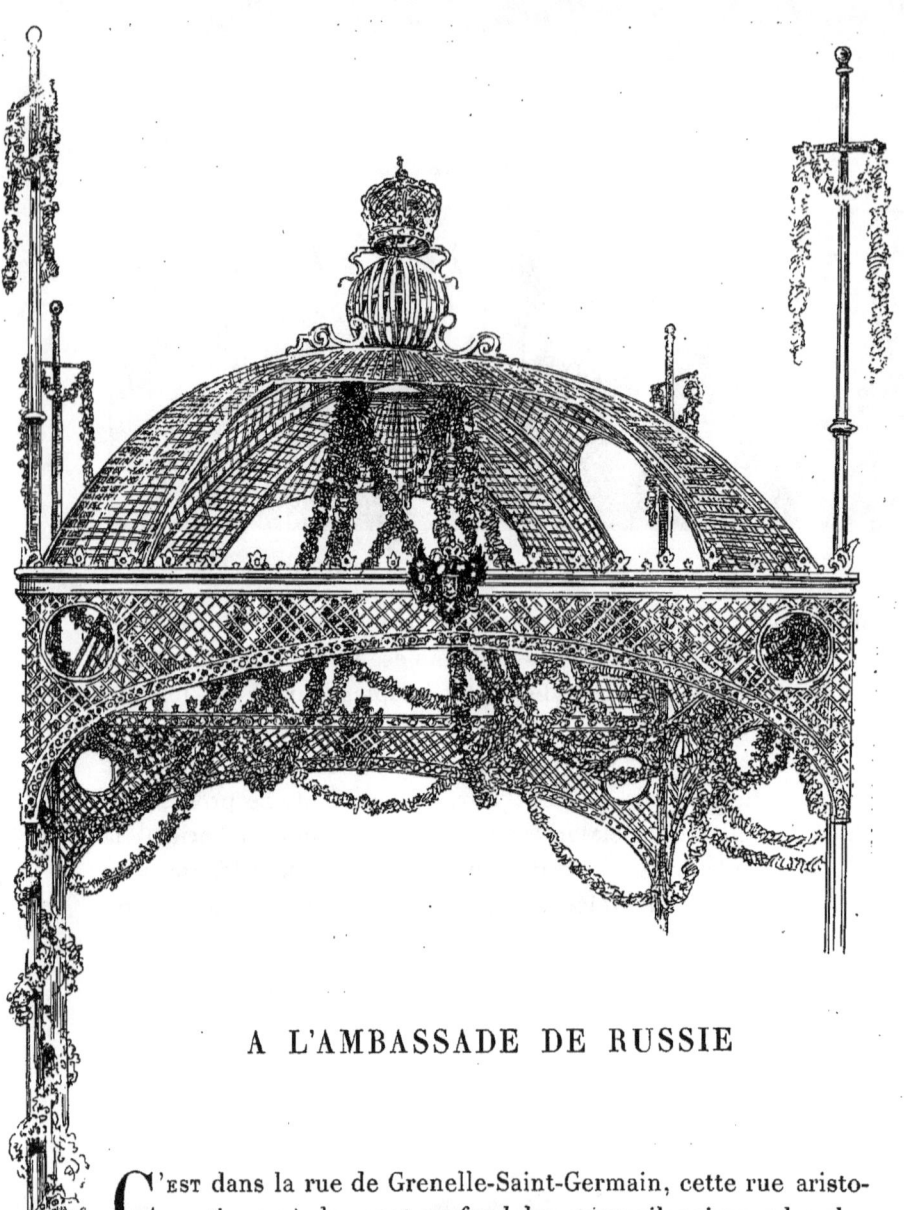

A L'AMBASSADE DE RUSSIE

C'est dans la rue de Grenelle-Saint-Germain, cette rue aristocratique où dorment au fond des cours silencieuses les plus vieilles demeures de la noblesse française, que s'élève, froid et lourd, mais non sans quelque grandeur, l'hôtel de Son Excellence l'Ambassadeur de Russie.

Dès la massive porte d'entrée franchie, la terre de France cesse. Le sol de l'ambassade est le sol même de la Sainte Russie où le Tsar seul est maître.

Pour avoir décidé S. M. Nicolas II à y descendre de préférence au palais des Affaires étrangères qui lui avait été primitivement offert, M. de Mohrenheim a dû s'ingénier à transformer, si beau fût-il déjà, l'hôtel de l'ambassade.

Il fallait donner de la vie et de l'éclat à ces graves bâtiments, il fallait que la toute gracieuse Souveraine qui y venait quelques jours habiter n'y trouvât rien que de souriant et d'aimable.

S. E. le Baron de Mohrenheim.
Phot. Eug. Pirou

Des fleurs, encore des fleurs, ont réalisé ce plan. Les cyclamens, les roses, les violettes, les lilas tremblant sur leurs tiges flexibles et souples, les géraniums et déjà les chrysanthèmes, aux longues chevelures romantiques, ont fleuri presque subitement dans des parterres improvisés aux harmonieuses couleurs. Toute la cour d'honneur a été transformée en un jardin dont les tons délicats ont sans cesse reposé la vue de l'Impératrice.

A l'intérieur de l'hôtel les mêmes transformations ont été exécutées.

Le grand vestibule, tout drapé de tapisseries anciennes, est décoré à profusion par des plantes vertes qui étendent leurs larges rameaux au-dessus du pavé de marbre blanc et noir.

Voici, au rez-de-chaussée, le petit salon que l'Empereur a visité en premier. Il s'ouvre par deux fenêtres sur le jardin de l'ambassade où, une à une, tombées des grands arbres que dépouille l'automne, les feuilles roussies font un tapis d'or bruni.

C'est là, dans un décor d'ameublement moderne, que le Tsar a reçu les personnes de son entourage. La pièce est élégante, mais rien ne lui donne ce caractère royal que nous retrouvons dans les pièces réservées aux réceptions officielles ou à l'habitation des souverains.

De ce salon on passe dans le boudoir de l'Impératrice Alexandra. C'est une merveille d'un luxe discret et intime : la pièce est petite, mais délicieusement tendue par des tapisseries de Beauvais qui dissimulent les murs et le plafond.

Puis, dans un désordre habile, y sont dispersés, comme au gré d'une féminine fantaisie éprise d'art, des meubles légers et précieux, recouverts de soie brochée à fleurettes à la Pompadour. Une petite

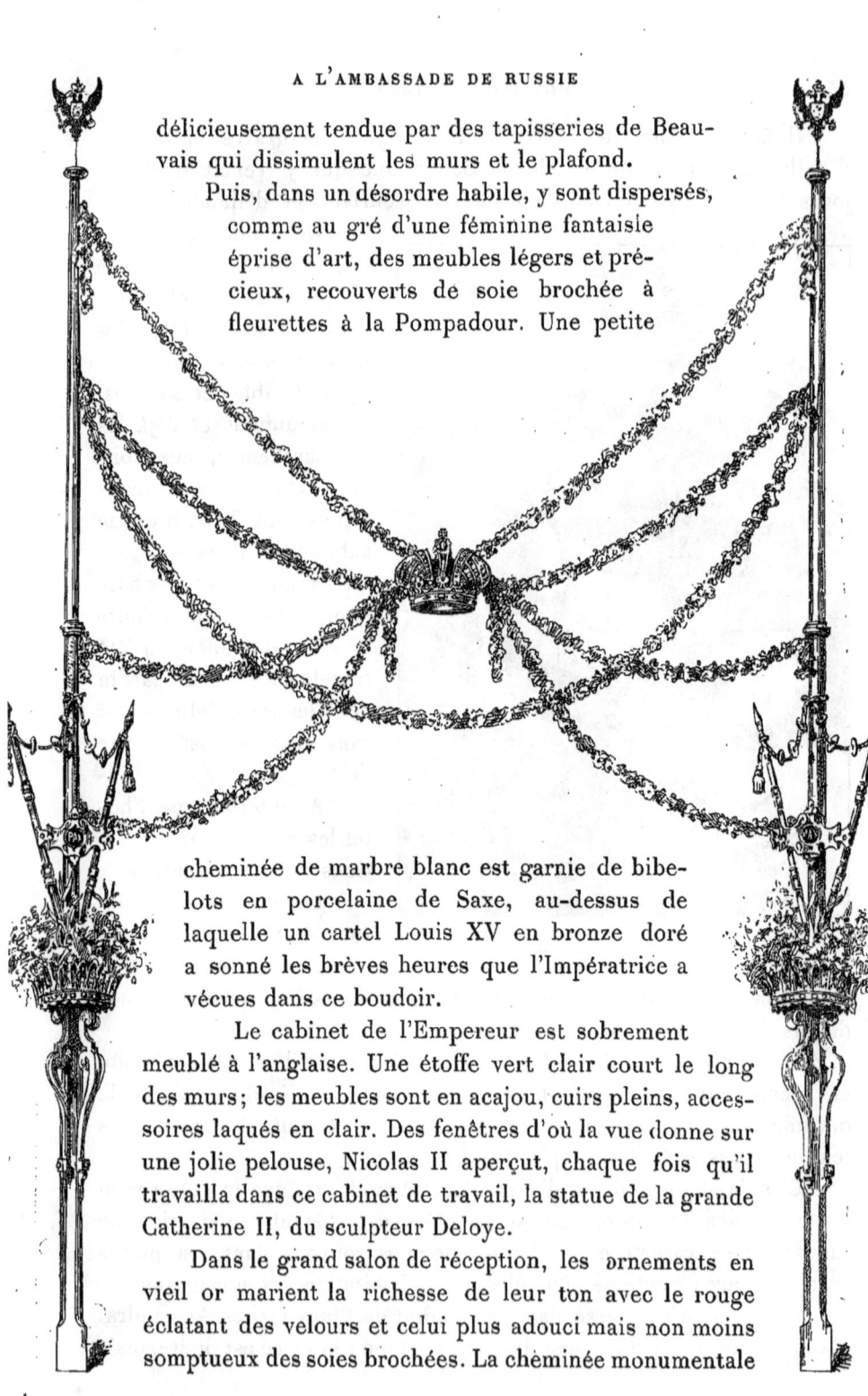

cheminée de marbre blanc est garnie de bibelots en porcelaine de Saxe, au-dessus de laquelle un cartel Louis XV en bronze doré a sonné les brèves heures que l'Impératrice a vécues dans ce boudoir.

Le cabinet de l'Empereur est sobrement meublé à l'anglaise. Une étoffe vert clair court le long des murs; les meubles sont en acajou, cuirs pleins, accessoires laqués en clair. Des fenêtres d'où la vue donne sur une jolie pelouse, Nicolas II aperçut, chaque fois qu'il travailla dans ce cabinet de travail, la statue de la grande Catherine II, du sculpteur Deloye.

Dans le grand salon de réception, les ornements en vieil or marient la richesse de leur ton avec le rouge éclatant des velours et celui plus adouci mais non moins somptueux des soies brochées. La cheminée monumentale supporte une lourde garniture en bronze doré de style Louis XIV et deux vases bleus de porcelaine de Sèvres. Mais l'œil est surtout attiré et retenu par une magnifique collection de tableaux de maîtres anciens, que le goût sûr de M. de Mohrenheim a fait disposer le long des murs.

Sur l'aile droite de l'hôtel, au delà du grand salon, ont été installées les chambres à coucher des souverains. La chambre à coucher de l'Impératrice, d'une ornementation toute gracieuse et discrète et dont Mme de Mohrenheim s'est elle-même occupée, est blanc et or. Les meubles et les murs sont tendus de soie brochée où le mauve domine; et l'on a choisi, pour le cabinet de toilette, le style Marie-Antoinette.

Pendant ces jours de fêtes ininterrompues, ces temps de galas et de réceptions officielles, ces chambres ont été l'inviolable refuge où durant quelques heures les souverains russes ont pu trouver un peu de solitude et de repos. Quelles impressions ont-ils échangées dans l'intimité de leurs propos? Il n'est pas interdit de supposer que l'accueil si profondément et respectueusement affectueux du peuple de France n'a pas été étranger à leur conversation, et que la houle confuse des acclamations a dû bruire bien longtemps à leurs oreilles avant qu'ils cédassent au sommeil.

Le premier étage de l'hôtel a été presque entièrement occupé par la salle du Trône.

La décoration en est fort riche, toute en soie rouge rehaussée d'or. Le portrait en pied de l'Empereur Nicolas II, revêtu de l'uniforme de colonel des hussards de la garde du Tsar, y attire uniquement les regards. C'est là qu'ont eu lieu les réceptions officielles.

La petite Grande-Duchesse Olga, les demoiselles d'honneur et les bonnes anglaises au service de la Grande-Duchesse, ont été logées au second étage dans les appartements mêmes de l'ambassadeur.

Un escalier intérieur relie ses appartements à ceux de l'Empereur et de l'Impératrice, et Lofki, le chien favori du Tsar, courant du berceau de sa chère petite maîtresse Olga au cabinet de son impérial propriétaire, a bien souvent troublé de ses aboiements joyeux et animé de ses gambades folles ce passage.

Mardi, six octobre, — date inoubliable — le pavillon jaune orné de l'aigle noir s'éploie au sommet de l'ambassade, devenue palais impérial.

A onze heures, de la foule massée rue Saint-Simon et boulevard

Saint-Germain, s'élève une confuse et merveilleuse acclamation : c'est la daumont de l'Empereur qui apparaît.

Le Tsar porte la main droite à son bonnet d'astrakan; l'Impératrice s'incline pour saluer et, comme elle abaisse l'ombrelle qui la protégeait tout à l'heure du soleil, le peuple admire son visage que rose l'émotion.

La voiture pénètre au pas dans la cour de l'ambassade et vient

Phot. Bardin
La rue Saint-Simon.

s'arrêter devant le perron. Le directeur du protocole se tient près de la portière et aide l'Impératrice à descendre. Le Tsar et le Président de la République mettent également pied à terre.

C'est dans le petit salon de réception que Leurs Majestés et le Président de la République sont dès l'abord conduits; la grande maîtresse de la Cour, les dames d'honneur de l'Impératrice, les généraux et aides de camp de l'Empereur viennent les y rejoindre et forment le cercle.

C'est alors que l'ambassadeur de Russie et Mme de Mohrenheim présentent leurs hommages aux souverains et leur souhaitent la bienvenue dans le palais impérial.

Le Président de la République prend à ce moment congé des hôtes de la France.

Le Tsar est désormais chez lui.

Durant les trop brefs jours que l'Empereur y a vécus, l'ambassade a été le théâtre de deux événements qui, à côté des cérémonies officielles, marqueront dans l'histoire.

L'un est profondément touchant. C'est l'action d'une âme élevée et d'un cœur délicat, dont l'accomplissement a vivement ému la France qui garde dans sa mémoire toujours chaude le souvenir de ses morts illustres. C'est l'entrevue de Mme Carnot et de l'Impératrice.

L'autre est due à la volonté d'un prince qui, en même temps qu'il prouvait sa confiance dans la France moderne, se montrait respectueux du passé. Réunir à une même table les descendants de la plus ancienne famille royale d'Europe, la princesse Mathilde, gardienne des traditions napoléoniennes, et le Ministre des Affaires étrangères de la République, était une pensée originale et heureuse : le désir de l'Empereur l'a réalisée en un déjeuner dont le souvenir se perpétuera.

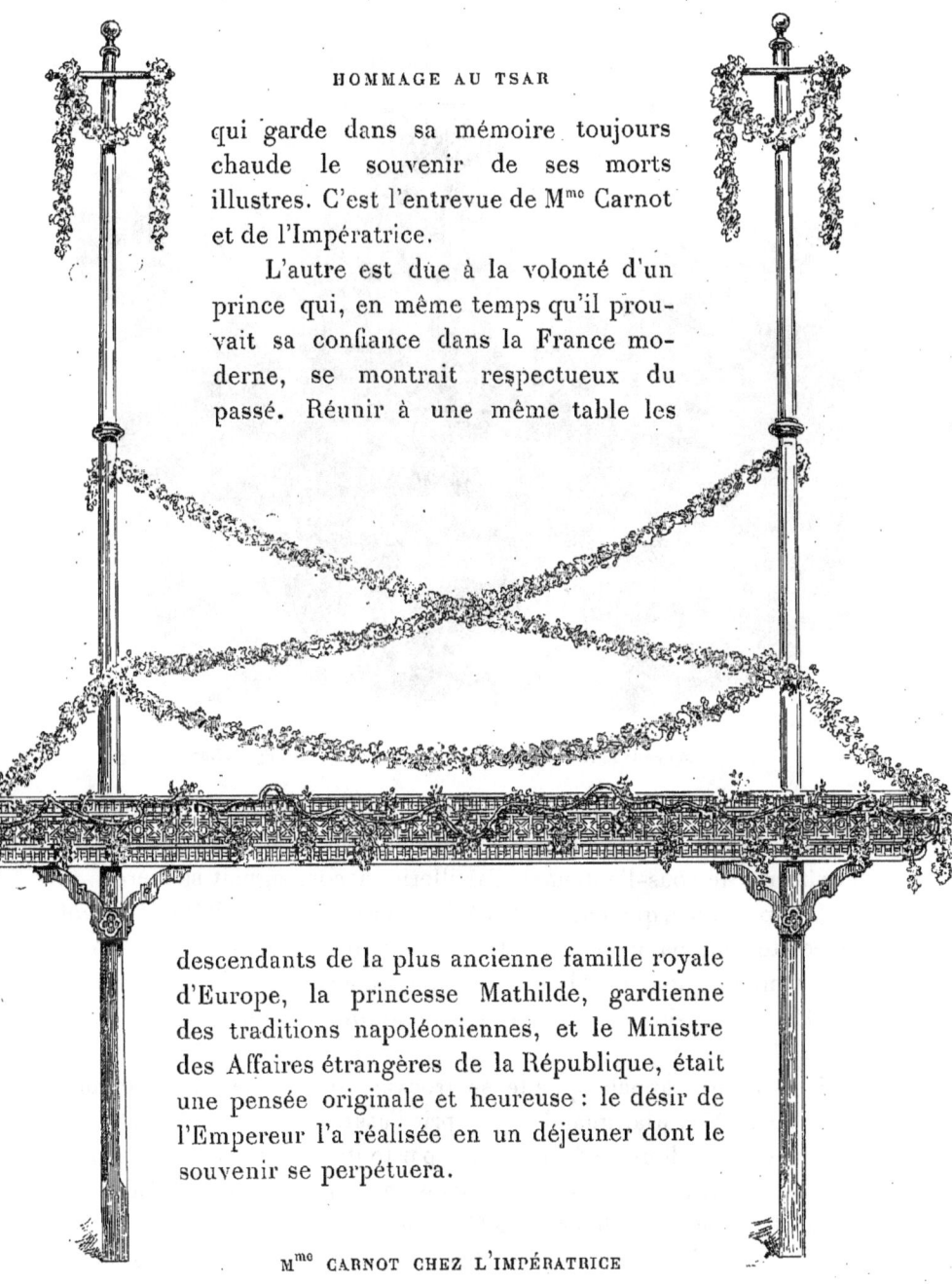

Mme CARNOT CHEZ L'IMPÉRATRICE

Dans la matinée du 6 octobre, Mme Carnot avait reçu de Cherbourg une dépêche officielle l'informant que l'Impératrice de Russie avait émis le désir de la recevoir le jour même de son arrivée à Paris.

Profondément touchée de cette délicate attention, qui était un

Phot. Nadar

Devant le Cercle Agricole. — Les Souverains se rendant à l'Église Russe.

hommage rendu à la mémoire du regretté Président de la République, Mme Carnot se rendit à trois heures à l'ambassade. M. François Carnot, en uniforme de sous-lieutenant d'artillerie, accompagnait sa mère.

L'Impératrice, qui rentrait de l'église russe, reçut aussitôt Mme Carnot. Immédiatement Sa Majesté lui témoigna une si affectueuse et si cordiale sympathie que des larmes montèrent aux yeux de la veuve inconsolée du Président et qu'une vive émotion se peignit sur le visage de son fils.

La Tsarine rappela qu'elle se trouvait auprès de sa grand'mère l'impératrice Victoria, quand elle apprit l'assassinat du Président.

Une sincère douleur fut éprouvée par toute la cour à cette tragique nouvelle, douleur qui se traduisit dans la dépêche émue qu'adressait aussitôt la reine d'Angleterre à Mme Carnot.

Sa Majesté ajouta que la Russie tout entière avait éprouvé de profonds regrets en apprenant la mort qui mettait en deuil si inopinément notre pays, et que la disparition d'un chef d'État qui avait joué un rôle si important dans l'union de la France et de la Russie avait causé une affliction générale parmi ses sujets.

« C'est pourquoi, ajouta la gracieuse interlocutrice de Mme Carnot,

A l'Ambassade de Russie. — La Salle du Trône.

j'ai tenu à ce que vous fussiez une des premières personnes que je reçoive en France. C'est dans un même sentiment que l'Empereur tient à visiter le tombeau du Président Carnot au Panthéon. »

Profondément touchée par ces paroles si franchement sympathiques, Mme Carnot a remercié Sa Majesté de son gracieux accueil et de la délicate attention du Tsar.

Au moment où elle prenait congé de l'Impératrice, Sa Majesté la pria d'attendre quelques instants encore et elle se fit amener par une demoiselle d'honneur la jeune Grande-Duchesse Olga. Mme Carnot soutint un moment l'enfant dans ses bras et l'embrassa tendrement.

Dans ce baiser, tout le passé s'unissait à l'avenir. C'était, sous une forme exquise, sceller l'amitié d'un peuple pour l'autre, l'union des âmes russes et françaises.

LES VISITES OFFICIELLES

Dans la matinée, S. M. Alexandra avait reçu la visite de Mme Félix Faure et de Mlle L. Faure. Elles étaient accompagnées du lieutenant-

Les Souverains passant rue Saint-Simon.

colonel Menetrez. L'audience, très cordiale, dura environ un quart d'heure.

Dans l'après-midi, l'archevêque de Paris vint rendre visite aux Souverains. Le cardinal, en soutane rouge, revêtu de sa mantille de pourpre sous laquelle apparaît son rochet de dentelles, coiffé du grand chapeau cardinalice à bords plats, a été introduit seul auprès de l'Empereur. Après un entretien qui a duré environ dix minutes, il a présenté au Tsar ses trois grands vicaires.

Les réceptions officielles ont commencé à cinq heures de l'après-midi. MM. Loubet, président du Sénat; Brisson, président de la Chambre; Méline, président du Conseil des Ministres et Hanotaux, ministre des Affaires étrangères, ont été reçus par le Tsar.

Le nonce apostolique, le cardinal Ferrata, a présenté à l'Empereur les membres du corps diplomatique.

Ambassade de Russie. — Cabinet de Toilette des Souverains.

LE DÉJEUNER DU MERCREDI

La réunion si curieuse et si suggestive des représentants des anciens pouvoirs en France a eu lieu le mercredi.

Un déjeuner intime offert à l'ambassade de Russie par le Tsar, lui a permis de grouper autour de sa personne, avec M. Hanotaux, ministre des Affaires étrangères de la République, le duc de Chartres, le duc d'Aumale, la duchesse de Chartres, la princesse Mathilde et la duchesse de Magenta.

Quel merveilleux assemblage de noms illustres! Quelle longue série d'événements historiques n'invoquent-ils pas? Quel coup d'œil sur le passé, cette réunion de gracieuses jeunes femmes et d'hommes aimables ne permet-elle pas de jeter?

Voici la duchesse de Rohan, la princesse Galitzine, la baronne de Mohrenheim, la duchesse d'Uzès, la duchesse de Luynes, la comtesse de la Ferronnays, la princesse Dolgorowky; voici M. Chichkine, le comte Vorontsof, le baron de Mohrenheim, le duc de Doudeauville, le duc de Luynes, le duc de Rohan. Ce sont les convives de la table d'honneur.

Gravure extraite de *l'Illustration*

Ambassade de Russie. — Salle à Manger.

Parmi les autres invités qui avaient pris place aux tables installées dans le grand salon, on remarquait le duc de Magenta, le général de Boisdeffre, le général baron Freederichsz, le comte Bendenkorff, le général de Richter, M. de Giers, les amiraux Gervais, Duperré, Sallandrouze de Lamornaix, M. Nisard.

L'histoire complète de cette réunion sera écrite un jour. Quand on pourra en donner tous les détails, quand les témoins de cette fête, presque de famille, voudront conter ce qu'ils ont entendu, on ne sera pas surpris d'apprendre quelle en a été l'importance.

Personne n'a dit encore que le Tsar avait parlé à cette occasion : aucun journal, aucune revue n'a donné le texte de ses paroles. Et cependant S. M. Nicolas II a prononcé une courte mais vibrante allocution au cours de laquelle, s'abandonnant à la confiance qui le gagnait au milieu de cette société d'élite, il a laissé toute liberté à sa chaude et émouvante parole.

Le dîner de gala qui a été offert le soir par l'Empereur au Président de la République n'a pas présenté le même piquant intérêt. Le repas a

La Chambre à Coucher Impériale.

Gravure extraite de l'Illustration

été fort beau, mais évidemment moins intime. Il a eu lieu dans la grande salle à manger située au premier étage. La table, comprenant quarante-cinq couverts, était admirablement décorée de vases de fruits et de corbeilles de fleurs.

Le Tsar présidait : en face de lui, l'Impératrice. Venaient à sa droite : Mme Félix Faure, M. Brisson, président de la Chambre des députés, Mme de Boisdeffre, le comte de Montebello, le baron de Mohrenheim, le général Saussier, le prince Dolgorowky, M. Lebon, ministre des Colonies, M. de Selves, préfet de la Seine, le général baron Freederichsz, le général russe Hesse, l'amiral Roustan.

A gauche du Tsar étaient placés : la comtesse de Montebello, M. Méline, président du Conseil, le prince Abolenski, le général Billot, ministre de la Guerre, le général de Richter, M. Barthou, ministre de l'Intérieur, M. Rambaud, ministre de l'Instruction publique, le général Tournier, M. Le Gall, le comte Bendenkorff et M. de Giers.

A droite de l'Impératrice se trouvaient : le Président de la République, la princesse Galitzine, M. Hanotaux, ministre des Affaires étrangères, le comte Vorontsof-Daschkof, le général Davout, le comte Orlof-Davidof, M. Boucher, ministre du Commerce, le général de Boisdeffre, M. Nisard et M. Crozier.

Georges Gueyton, Statuaire   Camille Gueyton, orfèvre

Le Seau à frapper

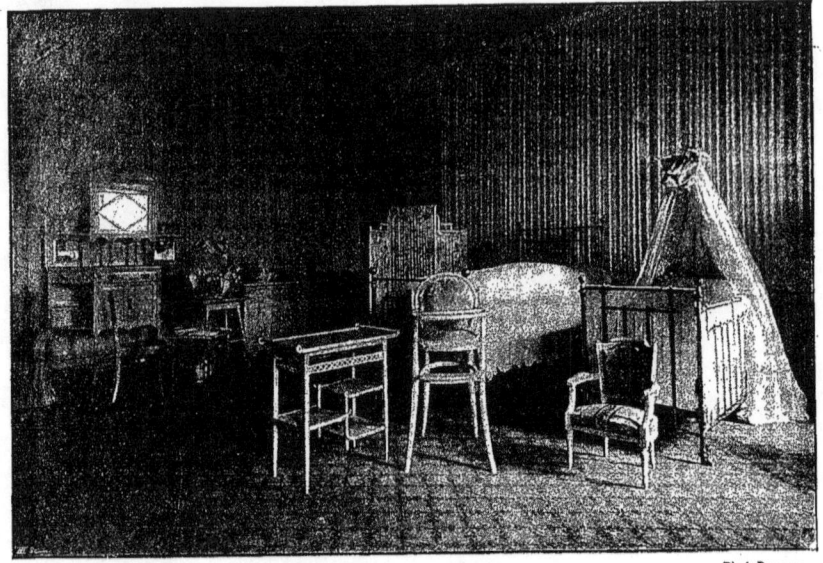

Chambre de la Grande-Duchesse Olga.

A gauche, on remarquait M. Loubet, président du Sénat, la baronne de Mohrenheim, M. Darlan, ministre de la Justice, l'amiral Besnard, ministre de la Marine, M. Chichkine, M. Cochery, ministre des Finances, et l'amiral Gervais.

Une très jolie aquarelle ornait le menu. Elle représentait la perspective des Champs-Élysées avec, dans le fond, l'Arc de Triomphe. Elle était bordée d'un cadre d'or, qu'entourait une légère guirlande d'orchidées, nouées avec des nœuds de satin rose, bleu et lilas.

Ce fut le dernier dîner que fit à l'Ambassade, transformée en Palais-Impérial, le Tsar.

Le lendemain il partait pour Châlons. Toutefois avant de quitter ce coin de la terre de Russie où il venait de passer de brèves heures au sein même du pays de France, il réunit autour de lui tout le haut personnel de l'Ambassade et celui de l'église russe. Le jeudi eut lieu en effet, à midi et demi, un déjeuner intime de soixante couverts auquel ce double personnel assistait, et parmi lequel on remarquait, avec l'ambassadeur de Russie et Mme de Mohrenheim, le général de Richter, le prince Orlof et l'archiprêtre Wassilieff.

Quelques instants après, le pavillon jaune orné de l'aigle noire était amené. Le Tsar avait quitté son impériale demeure.

Longtemps il songera au séjour qu'il y a fait, car elles compteront dans son règne, ces heures qu'il vécut à Paris, entouré de ce peuple français dont le cœur a battu, alors, à l'unisson du sien.

C'est dans cet hôtel du faubourg Saint-Germain qu'il a donné à l'alliance de la Russie et de la France le sceau définitif de son auguste volonté, et de l'ambassade de Russie que doit dater l'ère nouvelle qu'ouvre pour l'Europe et pour le monde l'union étroite de Sa Majesté Nicolas II et de la République Française.

JOLEAUD-BARRAL

A L'ÉGLISE RUSSE

LE TE DEUM

Tandis qu'au dehors la foule grossit sans cesse, comme un fleuve dont les affluents augmentent la crue; fleuve humain aux remous enthousiastes et dont les sympathies déferlent impétueuses, vibrantes, vers deux êtres d'élite alliant en eux ces deux grandes choses si rarement unies : l'intelligence et la bonté — l'église reste silencieuse.

La lumière incertaine des premiers jours d'octobre glissant à travers les vitraux de la coupole centrale, donne au temple de Dieu un aspect d'imposant mystère. Le soleil lutte avec l'éclat des cloisons dorées de l'Iconostase, les multiples feux des lampes qui brûlent devant les saintes Icones et les flammes vacillantes des cierges qui surchargent les gracieux lustres à cent bras.

Dès l'entrée l'âme est grisée de mysticisme, par la vague odeur d'encens qui flotte sous les voûtes. Les Icones primitives de l'Iconostase vous attirent impérieusement; le calme du sanctuaire vous enveloppe et vous invite à la prière.

Phot. Alb. Hautecœur

Départ des Souverains pour l'Église russe.

Mais une heure a sonné ; des roulements de voitures se succèdent, se perdent confus sous le plein cintre. L'église, peu à peu, s'emplit d'un bruissement de soie, de pas étouffés par l'épais tapis, de cliquetis de sabres et de murmures discrets. Les femmes, en toilettes claires, se rangent sur la gauche; les hommes occupent la droite, de façon à former un demi-cercle. Chevaliers-gardes en habit blanc et casque d'argent surmonté d'un aigle d'or ; redingotes plissées en drap vert, bonnets d'astrakan, uniformes français jetant leur note vive, habits noirs, rubans en sautoir, décorations, plaques, tout se confond, s'harmonise, sous la poussière d'or des rayons du soleil qui tombent, obliques, des fenêtres de la coupole. Et chaque fois que s'ouvre la porte, parvient jusqu'à nous la voix haletante de la foule, massée au dehors.

A deux heures vingt, l'agitation gagne les assistants privilégiés, si calmes jusque-là. On sent que l'instant suprême approche, que Leurs Majestés vont bientôt franchir le seuil de l'enceinte sacrée. Une anxieuse émotion se lit sur les visages.

Grave, ayant conscience de la solennité qui va s'accomplir, l'archi-

Le Te Deum à l'Église russe

Composition de L. Moulignié.

prêtre Wassilieff, entouré de son clergé, quitte l'autel, traverse l'église et se rend sur le parvis pour attendre les Souverains. Il tient dans ses mains une croix d'un merveilleux travail artistique, et sur sa dalmatique de drap d'or resplendissent de nombreuses décorations : parmi elles, se détache celle d'officier de la Légion d'Honneur.

Dix minutes s'écoulent dans un oppressant silence, brisé tout à coup par la voix de la foule qui monte en un crescendo qui vous étreint le cœur !

La daumont a pénétré dans la cour de l'église ; l'Empereur en descend le premier ; les cosaques de la cour, vêtus de rouge, aident l'Impératrice à descendre. Lentement les Souverains gravissent les marches de l'escalier. L'archiprêtre s'avance à leur rencontre, la croix à la main. Les Souverains baisent la croix, puis la main du vénérable archiprêtre, qui, à son tour, baise la main du Tsar et de l'Impératrice, tandis que le R. P. Rodjestvensky asperge d'eau bénite le couple impérial qui pénètre alors dans l'église et se place devant l'autel.

Les portes dorées de l'Iconostase se sont ouvertes, comme pour dire que c'est directement à la face de Dieu que montera la prière du prêtre, que répétera le Souverain pasteur, maître de toutes les créatures de son vaste empire, chantant la gloire du Créateur !

Tête nue, l'archiprêtre Wassilieff, tenant la croix, s'est tourné face à la Sainte Table, tandis que le diacre, dont la voix résonne sous les voûtes, récite la prière de longévité et de prospérité pour Leurs Majestés.

« Prions pour notre très pieux et tout puissant Empereur Nicolas Alexandrowitch de toutes les Russies. Que Dieu Lui accorde la puissance, la victoire ; Le maintienne en paix et en santé ; Le couvre de sa divine protection, contre tous Ses ennemis et Lui accorde de longues années de règne ! »

En une clameur vibrante, le chœur par trois fois répond : « Mnogoé Léta » (Longue vie au Tsar !) cependant que l'archiprêtre bénit par trois fois les assistants. Puis Leurs Majestés ont de nouveau baisé la croix et tous les fidèles ont suivi leur exemple.

L'exécution parfaite et artistique des chœurs dirigés par M. Célestin Bourdeau a paru plaire infiniment au Tsar, car à deux reprises Sa Majesté a daigné remercier le maître de chapelle par un bienveillant salut de la tête.

A deux heures quarante-cinq, l'office terminé, Leurs Majestés ont traversé, à pied, la cour de l'église pour rejoindre leurs voitures.

L'Impératrice a pris place dans la première daumont avec sa dame d'honneur, la princesse Galitzine. L'Empereur est monté dans la deuxième daumont en compagnie du général de Boisdeffre que Sa Majesté a fait asseoir à ses côtés. Il était facile de voir que Nicolas II était profondément touché par les acclamations dont le saluait depuis le matin le peuple de Paris, et très frappé de l'ordre que la foule gardait partout, jusque dans les endroits aussi resserrés que les abords de l'église russe. L'Empereur en a exprimé son vif contentement au baron de Mohrenheim en les termes ci-après :

« Il me semble depuis que je suis à Paris que je ne parcours pas des rues, mais des salons! »

Z. DE WASSILIEFF

Le Tsar sortant de l'Église russe

A L'ÉLYSÉE

LES RÉCEPTIONS

Le Gouvernement, après avoir longuement discuté l'importante question de la présentation du Parlement au Tsar, avait décidé, d'accord avec les présidents des deux Chambres, que cette présentation aurait lieu dans le Palais de l'Élysée où devaient se réunir les hauts dignitaires des grands corps de l'État.

Députés et Sénateurs sans distinction d'opinion avaient répondu avec empressement à la convocation qui leur était adressée par MM. Loubet et Brisson, et, le 6 octobre, bien avant l'heure indiquée, plus de deux cents Sénateurs et trois cents Députés environ se trouvaient réunis dans la grande salle des fêtes. D'autre part, les représentants des grands corps de l'Etat se groupaient dans le salon Murat et dans le grand salon du rez-de-chaussée.

A part la décoration particulière donnée à la grande véranda de la cour d'honneur, très peu de modifications avaient été opérées dans le palais de l'Elysée qui contient, comme on le sait, une merveilleuse collection de meubles, d'objets d'art et de tapisseries des Gobelins, entre autres les trois fameuses séries comptant quatorze pièces et datant de Louis XIV : les *Fructus belli*, l'*Ancien Testament*, les *Signes du Zodiaque*, pièces uniques d'un prix inestimable. Ces magnifiques spécimens de l'art français avaient été placés dans la cage de l'escalier, les *Fructus belli* formant portière.

A trois heures vingt-cinq, les acclamations de la foule massée autour de l'Élysée annoncent l'arrivée du Tsar, deux minutes après, la voiture impériale pénètre dans la cour où le poste rend les honneurs militaires. Les cris de vive la Russie, vive le Tsar, partis du dehors, couvrent la sonnerie des clairons et le roulement des tambours.

C'est au milieu de ces cris d'enthousiasme que Nicolas II, ayant à son côté le général de Boisdeffre, descend de landau ; il est reçu par le commandant La Garenne et par le capitaine Bouchez, commandant militaire du Palais de l'Élysée. M. Félix Faure attend son auguste visiteur au haut du perron ; l'Empereur et le Président de la République se serrent longuement la main et se rendent immédiatement dans le salon des Grâces où ils restent seuls pendant près de vingt minutes.

Les présentations officielles commencent aussitôt après cet entretien. M. Félix Faure conduit d'abord le Tsar dans un salon attenant au salon des Grâces et où se tiennent tous les Ministres. Les membres du Gouvernement qui, le matin avaient déjà été présentés au Souverain sont, d'après les règles du protocole, présentés de nouveau ; puis, l'Empereur et le Président de la République suivis des Ministres, des officiers de la maison militaire du Président et des officiers de la suite du Tsar, se rendent dans la grande salle des fêtes, où sont réunis les membres du Parlement, les Sénateurs à droite et les Députés à gauche ; tous portent leurs insignes. Au centre se tiennent les anciens Présidents du Conseil et les anciens Ministres des Affaires Étrangères : MM. Charles Dupuy, Ribot, Develle, Léon Bourgeois, Goblet, de Freycinet, Buffet, Constans, Rouvier, etc.

Lorsque le Tsar apparaît, un imposant silence règne dans l'immense salle ; l'Empereur, le souverain absolu, le plus puissant autocrate, se trouve en présence des représentants de la démocratie française.

L'instant est solennel. Le Président de la République exprime en quelques mots le bonheur qu'il éprouve en présentant à l'Empereur de Russie les membres du Parlement français.

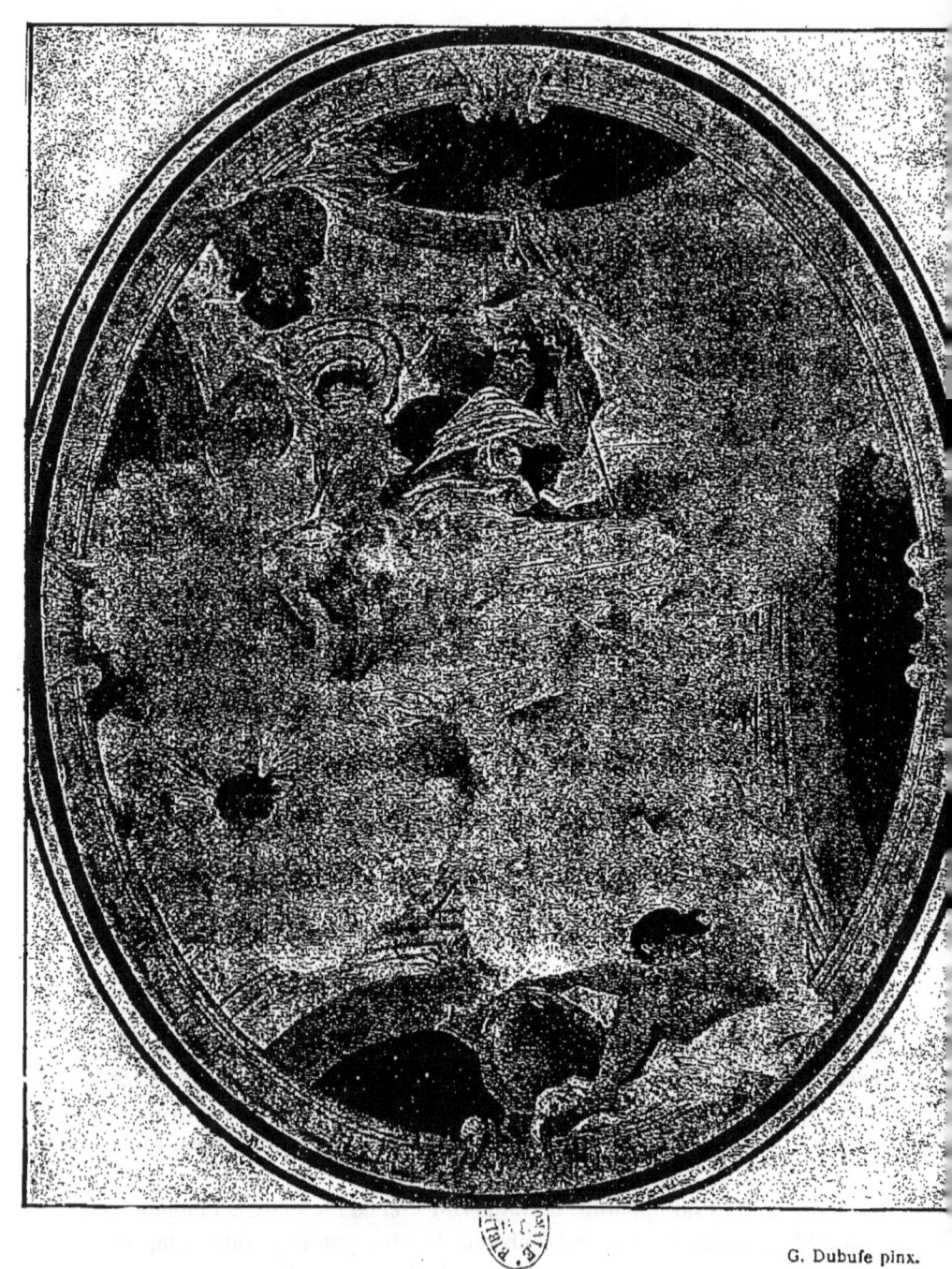

G. Dubufe pinx.

Plafond de la Salle des Fêtes de l'Elysée

Le Tsar n'a plus l'impassible physionomie qui l'a fait accuser de froideur par ceux qui n'ont pu que le voir passer au milieu de sa brillante escorte; le visage est plutôt souriant et c'est d'une voix ferme, les mots scandés, que Nicolas II déclare qu'il est heureux de se trouver au milieu des élus de la France. Puis il s'avance vers le groupe des anciens ministres qui doivent lui être présentés, séparément et par ordre d'ancienneté, par le président de l'Assemblée à laquelle ils appartiennent; MM. Buffet, de Freycinet et Constans sont présentés par M. Loubet. MM. Charles Dupuy, Ribot, Rouvier, Goblet et Bourgeois par M. Brisson.

L'Empereur qui paraît mettre une certaine coquetterie à connaître le rôle politique de tous ceux qui lui sont présentés, trouve un mot aimable pour chacun.

A M. Constans il dit :

— C'est vous qui étiez ministre pendant la grande Exposition ?
— Oui, Sire!
— Et aussi en 1890?
— Oui, Sire, et je ne puis pas oublier que c'est cette année-là que S. M. l'Empereur Alexandre III, votre auguste père, m'a honoré du cordon que je porte.
— Vous étiez encore ministre en 1891?
— Oui, Sire.
— Cela fait trois ans.
— Oui, Sire, et même quelques jours de plus.

Et l'Empereur de répondre en souriant pendant que M. Constans ne peut dissimuler un fin sourire :

— Trois ans..., c'est long!

Faisant allusion aux premières bases de l'entente franco-russe jetées de 1890 à 1893, le Tsar dit à M. Ribot :

— Vous étiez ministre des Affaires étrangères en 1891... c'était le germe...
— Oui, Sire, répond l'ancien président du Conseil qui ne laisse pas Nicolas II terminer sa phrase — c'était le germe d'une grande chose!
— Oui, c'est bien cela, réplique le Tsar en accentuant.

Nicolas II, après s'être entretenu avec les principaux membres du Parlement, passe ensuite, conduit par M. Félix Faure, dans le salon Murat et dans le grand salon du rez-de-chaussée où doivent avoir lieu les autres présentations. C'est d'abord le cardinal Richard, archevêque de Paris, entouré de tous les hauts dignitaires de son clergé qui lui est présenté, puis : les membres du conseil supérieur de la Guerre, les généraux commandants de corps d'armée, les amiraux, membres du conseil supérieur de la Marine, les conseillers d'Etat, les grands-croix de la Légion d'Honneur, la Cour de Cassation, les conseillers à la Cour d'Appel, la Cour des Comptes, le préfet de la Seine, le préfet de police, le président du tribunal de Commerce, le président de la Chambre de Commerce de Paris, etc., etc. Chaque corps constitué est présenté par le ministre dont il relève.

Le Président de la République conduit enfin le Tsar à la salle des Gardes où sont réunis tous les membres de la maison militaire et de la maison civile : le général Tournier, MM. Le Gall, Blondel, le colonel Menetrez, les commandants Bourgois, Moreau, de Lagarenne, Humbert, Meaux de Saint-Marc.

A quatre heures, M. Félix Faure reconduit le Tsar jusqu'au perron de la cour d'honneur, les troupes rangées dans la cour présentent les armes; la musique joue l'hymne russe.

Nicolas II, accompagné du général de Boisdeffre, remonte dans son landau au milieu des vivats de la foule.

LE DÎNER

Le dîner offert par le Président de la République et Mme Félix Faure en l'honneur de l'Empereur et de l'Impératrice de Russie a été servi dans la grande salle des fêtes où avaient eu lieu dans la journée les réceptions des sénateurs et députés.

Cette salle, construite sous la présidence de M. Carnot, les salons du rez-de-chaussée étant devenus insuffisants les jours de grand bal, a la forme d'un rectangle dont les grands côtés sont parallèles à l'avenue Marigny. La décoration du plafond à trois coupoles avait été confiée à M. Dubufe.

Le maître a fait œuvre digne de lui. La première coupole est consacrée aux arts ; un génie couronne les arts de la peinture et de la musique. La décoration de la coupole du milieu symbolise la République, sauvegarde de la paix : une femme drapée dans un peplum bleu est enveloppée des plis du drapeau tricolore ; aux pieds de cette figure représentant la République, une autre femme est couchée tenant un bouclier sur

M. Félix Faure, Président de la République

lequel se détache le mot *Pax*. Enfin M. Dubufe a consacré à la science la troisième coupole.

Les murs de la salle disparaissaient sous de merveilleuses tapisseries des Gobelins ; des plantes vertes, d'immenses glaces et la profusion des lumières des vingt grands lustres complétaient une décoration véritablement féerique.

Au milieu de ce splendide décor étaient dressées trois tables dont deux de la longueur de toute la galerie et perpendiculaires à la table d'honneur placée sur l'estrade du fond, élevée de deux marches.

Une merveille de goût et d'élégance que cette table d'honneur encadrée de guirlandes de médiolla retenues par des touffes de rubans blanc et orange. Au centre et sur toute la longueur de la table, les brillantes couleurs des fleurs exotiques tranchent sur la blancheur des pièces d'un splendide surtout en argent massif, pendant que les corbeilles de fruits dressent leurs savoureuses pyramides entre des groupes de biscuit de Sèvres représentant des sujets de chasse.

Le dîner a été servi dans un service de Sèvres à fond blanc avec fleurettes dorées et bordure enguirlandée de fleurs sur fond bleu.

Le menu, un véritable bijou, ne le cédait en rien au reste, il a été dessiné par Clairin qui, dans une charmante aquarelle, a représenté la France et la Russie se tendant la main au milieu de génies et de femmes chargés des fleurs et des fruits qu'ils offrent aux deux puissances amies ; une couverture portant au recto le chiffre de M. Félix Faure et les armes du Tsar et sur la seconde feuille le texte du menu renfermait l'aquarelle du maître.

Le dîner a commencé à sept heures. Le nombre des convives était de deux cent vingt-cinq. Voici la composition de la table d'honneur qui ne comprenait que dix-huit couverts. Le Tsar et le Président de la République étaient assis au centre de la table. L'Impératrice, en robe bleue à reflets argentés, était assise à la droite du Président de la République; Mme Félix Faure portant une toilette bleue d'un goût exquis était à la droite du Tsar ; avaient en outre pris place à la table d'honneur : MM. Loubet, président du Sénat et Brisson, président de la Chambre, Mme Brisson, la princesse Galitzine, le comte Varonzoff-Daschkoff, Mmes Loubet et Méline, M. Méline, le baron de Mohrenheim, l'aide de camp impérial Richter, Mmes Barthou et de Mohrenheim, MM. Chickhine, Hanotaux, Darlan, le comte Orlof-Davidoff.

Pendant tout le repas la musique de la garde républicaine a fait entendre les plus beaux morceaux de son répertoire.

Au dessert le Président de la République s'est exprimé en ces termes :

« L'accueil qui a salué l'entrée de Votre Majesté à Paris lui a prouvé la sincérité des sentiments dont j'ai tenu à ce qu'Elle reçût l'expression en touchant le sol de la République.

La présence de Votre Majesté parmi nous a scellé aux acclamations de tout un peuple les liens qui unissent les deux pays dans une harmonieuse activité et dans une mutuelle confiance en leurs destinées. L'union d'un puissant empire et d'une république laborieuse a pu déjà exercer une action bienfaisante sur la paix du monde. Fortifiée par une fidélité éprouvée, cette union continuera à répandre partout son heureuse influence.

Interprète de la nation tout entière, je renouvelle à Votre Majesté les souhaits que nous formons pour la grandeur de son règne, pour le bonheur de Sa Majesté l'Impératrice, pour la prospérité du vaste empire dont les destinées reposent entre les mains de Votre Majesté impériale.

Qu'il me soit permis d'ajouter combien la France a été touchée de l'empressement avec lequel Sa Majesté l'Impératrice a bien voulu se rendre à ses vœux.

Son gracieux séjour laissera dans notre pays un ineffaçable souvenir.

Je lève mon verre en l'honneur de S. M. l'Empereur Nicolas et de S. M. l'Impératrice Alexandra Feodorowna. »

La musique de la garde républicaine a aussitôt joué l'hymne russe que tous les convives ont entendu debout, puis l'Empereur a pris à son tour la parole :

« Je suis profondément touché de l'accueil qui nous a été fait, à l'Impératrice et à moi, dans cette grande ville de Paris, source de tant de génie, de tant de goût et de tant de lumières.

Fidèle à d'inoubliables traditions, je suis venu en France pour saluer en vous, monsieur le Président, le chef d'une nation à laquelle nous unissent des liens si précieux.

Ainsi que vous l'avez dit, cette amitié ne peut avoir par sa constance que la plus heureuse influence.

Je vous prie, monsieur le Président, d'être l'interprète de ces sentiments auprès de la France entière.

En vous remerciant des vœux exprimés pour l'Impératrice et pour moi, je bois à la France et lève mon verre en l'honneur de M. le Président de la République Française. »

Menu du Dîner de l'Élysée, composition de G. Clairin.

Est-il utile d'essayer de dépeindre l'impression produite sur les assistants par ce solennel échange de paroles de fidèle amitié entre l'Empereur de toutes les Russies et le premier magistrat de la République

Française?... En les entendant, Français et Russes, au milieu de la poignante émotion qui étreignait tous les cœurs, sentaient qu'une grande chose venait de s'accomplir, que le pacte venait d'être scellé sous la coupole même où un maître de l'art français avait représenté la paix étendue dans une pose pleine de confiance aux pieds de la République Française !

Le dîner terminé, le Tsar qui devait assister au feu d'artifice tiré au Champ de Mars a dû y renoncer; se sentant fatigué, il a préféré prendre un peu de repos en attendant l'heure de se rendre au gala de l'Opéra.

Avant le dîner Mme Félix Faure avait fort gracieusement présenté à l'Impératrice toutes les dames qui y assistaient.

H. VALOYS

Fronton de l'une des portes du Foyer de l'Opéra.

LE GALA DE L'OPÉRA

C'est à neuf heures et demie que les Souverains Russes devaient faire leur entrée à l'Opéra pour y assister à la représentation de gala, et dès huit heures les invités se répandaient dans le monument, mais sans prendre possession de leurs places, chacun cherchant aux nombreux balcons qui ornent le vestibule et le grand escalier un endroit commode d'où l'on pût assister à l'entrée solennelle de l'Empereur et de l'Impératrice.

En dépit des objurgations du Protocole qui voulait que la salle fût pleine à l'arrivée de nos hôtes impériaux, les invités persistent à occuper les positions conquises, et l'escalier du Palais Garnier est admirable à voir avec cette garniture d'épaules blanches et de corsages fleuris, ce pittoresque mélange d'uniformes et d'habits noirs! Tout à coup un grand mouvement... L'officier qui commande la garde d'honneur a crié : portez armes! L'orchestre caché dans un des escaliers intérieurs a attaqué la marche de Hændel, dont l'ampleur de style ajoute à la solennité du moment. Les souverains paraissent précédés du protocole et de deux huissiers porteurs de flambeaux. L'Empereur porte la tunique rouge,

Trompette des cuirassiers.

tient à la main la toque d'astrakan à calotte blanche, et marche à la droite du Président de la République qui donne le bras à l'Impératrice.

La Souveraine a une physionomie radieuse; elle est vêtue d'une robe de soie bleue claire dont l'immense traîne est soutenue par deux dames d'honneur; à son cou brille un splendide collier de diamants dont les pendeloques vont rejoindre sur le buste une cuirasse de pierres précieuses dont l'éclat est incomparable. Sur son front un diadème étincelant. Un immense cri de : « Vive l'Empereur » est parti de toutes les poitrines, et pendant que les Souverains montent lentement l'escalier, cette clameur se répercute sous les voûtes du vestibule, couvre la mélodie de l'orchestre, emplit tout le monument de son écho sonore.

Mais déjà le cortège est entré dans la loge impériale : l'Empereur debout est à la droite du Président qui lui-même a, à sa gauche, l'Impératrice. A la droite du Tsar a pris place Mme Félix Faure qui s'est rendue seule à la loge. Le rideau se lève, et toute la troupe de l'Opéra, sur deux lignes, vêtue des plus riches costumes du répertoire, chante l'hymne russe après lequel de nouvelles et enthousiastes acclamations se font entendre. Le spectacle commence.

Les Souverains écoutent avec attention le second acte de *Sigurd*, dont la curieuse mise en scène semble fort les surprendre; le rideau de vapeur qui s'élève de la scène, et auquel des jeux de lumière donnent une coloration d'incendie, leur paraît un effet nouveau, au sujet duquel M. Félix Faure donne au Tsar quelques rapides explications. Après l'exécution de ce fragment de la partition de Reyer, les invités de la loge impériale se réfugient dans le salon qui lui fait suite, et dans lequel un thé a été préparé. Le Tsar se fait présenter les chefs arabes qui l'ont vivement frappé pendant le défilé du matin; après cette entrevue, l'Empereur et le Président de la République se dirigent vers le foyer du public, dont l'accès avait été interdit et passent sur le balcon.

Il est à ce moment onze heures et demie. La place de l'Opéra, l'avenue, les boulevards présentent un aspect féerique, inoubliable! L'Empereur contemple un instant cette marée humaine qui s'agite à ses

Le Czar, la Czarine et le Président se rendant au Gala de l'Opéra

Composition de J. Grigny

Programme du Gala de l'Opéra

Composition de Henri Gervex.

pieds dans une lueur d'apothéose; ses yeux vont au loin... partout la foule grouille et mugit sous des torrents de lumière, des bras se lèvent à perte de vue, dans l'embrasement des illuminations!... Le Tsar fait deux fois le salut militaire... les acclamations redoublent, c'est une tempête d'enthousiasme qui se déchaîne et dure encore longtemps après que l'Empereur a regagné sa loge pour assister à la fin du spectacle, le premier acte de la *Korrigane*.

Les Souverains y prennent visiblement un plaisir très vif. Les danses paysannes si pittoresques du ballet de Widor, le pas des sabots, où Mlle Mauri est si exquise, ravissent Nicolas II et l'Impératrice qui se penchent pour mieux voir. La figure de l'Empereur s'est égayée d'un sourire animé.

Mais le spectacle menace de se prolonger au delà de l'heure fixée, et les Souverains, très fatigués par cette première journée pleine d'émotions, ont témoigné le désir de pouvoir se retirer. Sur l'ordre du Président de la République, le spectacle est interrompu pendant le ballet, le rideau baisse, l'orchestre attaque de nouveau l'hymne russe que les invités de la loge impériale écoutent debout et auquel succède la *Marseillaise*.

Pendant l'exécution de notre chant national, l'Empereur, souriant, s'est tourné vers le Président de la République et a échangé avec lui quelques mots, puis lui a tendu la main; le Président lui donne la sienne que l'Empereur serre longuement et fortement. Ce mouvement d'une spontanéité si affectueuse fait naître dans l'auditoire un nouveau et irrésistible mouvement d'enthousiasme : la salle entière ne se lasse pas d'acclamer nos hôtes impériaux qui s'inclinent à plusieurs reprises.

La physionomie de l'Empereur s'est bien modifiée depuis le matin : elle a perdu son impassibilité ordinaire, son aspect de froideur contenue, l'œil s'est éclairé, comme animé d'un reflet intérieur et le sourire le plus gracieux, le plus satisfait, illumine maintenant son visage.

Les Souverains sont ainsi reconduits jusqu'à leurs carrosses de gala qui s'éloignent au petit trot, par les rues déblayées, et qu'accompagnent jusqu'à l'ambassade les mêmes marques unanimes de respect et d'enthousiaste amitié.

ADOLPHE MAYER

Phot. Neurdein

A NOTRE-DAME

L'IMMÉMORIALE basilique où repose, dans la gloire, le passé de la France, les séculaires trésors de son génie et de sa foi, est le premier monument de Paris à qui échoit l'honneur de recevoir les Souverains.

Sous un ciel de grisaille, cadre merveilleux à son architecture de rêve, Notre-Dame apparaît en prestigieux décor, cantique de pierre jaillissant du sol pour célébrer la Vierge aux mains pacificatrices, la Vierge divine au sourire de miséricorde.

C'est elle qui plane sur la cité à cette heure d'allégresse, et c'est vers elle que vont en pieux pèlerinage les Souverains de la nation amie. C'est encore devant elle que l'Empereur et l'Impératrice se tiendront inclinés, humiliant ainsi leur grandeur et courbant leur front dans le recueillement de la prière.

Debout, à l'entrée de la cathédrale, entouré du chapitre et de ses grands-vicaires, drapé dans sa robe cardinalice, l'archevêque de Paris attend l'arrivée du cortège. Derrière lui se tiennent le ministre des Cultes, le directeur du ministère, M. Dumay, et l'abbé Lanusse, l'héroïque aumônier de Saint-Cyr, que le Président de la République présentera si chaleureusement au Tsar.

Du parvis de l'église, le coup d'œil est magique. C'est une vision de la vieille France, des jours solennels d'autrefois, où le pouvoir royal venait prosterner au pied de l'autel ses joies et ses victoires.

Des clameurs retentissent au loin. Alors, mêlant leur voix de bronze à la voix des foules, les cloches sonnent à la volée.

Lorsque le cortège s'arrête et que les Souverains descendent de voiture, l'archevêque s'avance au devant du couple impérial et le salue. Lentement, les portes du monument s'ouvrent et de l'intérieur arrive, par ondes sonores, le chant retentissant des orgues.

Les cierges sont allumés, le chœur resplendit de lumières, cependant que des vitraux descend un jour de mystère et de douceur, auréolant le marbre des statues et se mourant aux voûtes des chapelles latérales.

Le Tsar, la Tsarine et le Président de la République, guidés par l'archevêque, se dirigent vers le maître-autel. Des prie-Dieu et des fauteuils y sont installés. L'Impératrice s'agenouille pieusement.

Le cortège visite le sanctuaire et se rend ensuite au caveau provisoire où sont les restes de Pasteur.

— « C'est ici, Sire, dit Monseigneur Richard, que repose Pasteur. Ce fut un grand savant et un grand chrétien. »

Les Souverains s'arrêtent à chaque détail ; ils écoutent, dans un respectueux silence, l'histoire de Notre-Dame que leur narre, en érudit, M. Pousset, l'archiprêtre de la cathédrale. Souvenirs de naguère, splendeurs défuntes, toutes les grandes figures évanouies dans le recul des siècles. Voici des rois, des empereurs, des conquérants, des princes. Et les heures de liesse, d'actions de grâces pour les victoires remportées, pour les périls conjurés ; et les heures tragiques, les sanglantes épreuves traversées par l'Église durant les années révolues. Récit sommaire et souvent interrompu par les exigences du moment ; récit improvisé selon l'aventure de la visite et des détails surgissant à chaque pas. Mais, quelle éloquence sans pareille dans une simple date, dans l'évocation d'un seul nom.

Attentif, l'Empereur écoute. Dans ses yeux luit comme une émotion respectueuse pour ce prêtre vénérable, dans la parole duquel revit toute la gloire de l'Église de France. Il lui prend le bras, règle sa marche sur la sienne, et lui dit, avec une grande bonté :

« — Appuyez-vous. »

Arrivés au Trésor, l'archevêque de Paris fait un geste de belle fierté et ajoute :

— « Toute l'histoire de France revit ici, Sire ; depuis saint Louis jusqu'à ce jour. »

Départ de Notre-Dame.

Et l'on montre aux Souverains les précieuses reliques : le clou qui troua la main de Notre-Seigneur; la couronne qui ensanglanta son front; un débris de la vraie Croix.

L'Empereur, silencieux, les contemple, le corps penché et la tête inclinée, ainsi que dans la prière. Devant les souvenirs de Mgr Sibour, de Mgr Affre, de Mgr Darboy — les archevêques qui furent martyrs — les Souverains s'arrêtent longuement.

L'archiprêtre de Notre-Dame continue à nommer les splendeurs du Trésor : ornements, broderies d'or, joyaux inestimables, munificences royales, dons princiers; des croix, des ciboires; les grandes reliques de la Passion que les fidèles adorent pendant la semaine sainte; et tant d'inestimables objets du culte, fixant chacun une époque, une étape de l'histoire...

Voici le manteau de pourpre, aux ors ternis, aux tons éteints, qui servit à Napoléon le jour du Sacre.

La statue de la Vierge, du XIVe siècle, Notre-Dame de Paris, devant laquelle, dit la tradition, Jeanne d'Arc a prié.

Mais l'archiprêtre abrège; le protocole a mesuré les minutes. L'archevêque offre à Leurs Majestés, au nom du chapitre de Notre-

Dame, un étui de soie blanche où sont enfermées des gravures sur satin représentant la Cathédrale. Le cortège revient. Sous les pas des Souverains est tendu le merveilleux tapis qui sert à Notre-Dame lors des grandes solennités. Œuvre capitale et triomphale de l'art français, commencée au temps des fleurs de lys et terminée sous l'Empire.

Le Président présente au Tsar l'abbé Lanusse, dont la poitrine étincelle de croix et de médailles. Le Tsar serre la main du brave aumônier et le félicite, avec des mots d'une courtoisie charmante, sur son noble dévouement à l'École de Saint-Cyr.

Le cortège est devant la grande porte. Les Souverains saluent l'archevêque, l'archiprêtre, le chapitre de la cathédrale. L'orgue retentit. Au *Salvam fac rempublicam*, se mêlent au dehors les acclamations de la foule, la voix aérienne et grave des cloches légendaires.

Au sommet des hautes tours, elles disent qu'en cette journée de fête, l'église se joint au peuple pour célébrer la venue d'un monarque ami.

JEAN DE MITTY

La Visite à Notre-Dame

Composition de Laurent Gsell.

Les Souverains sortant du Palais de Justice.

AU PALAIS DE JUSTICE
ET A LA SAINTE-CHAPELLE

Soutenues par le bourdon de Notre-Dame, les clameurs de la foule, lointaines encore, annoncent que les Souverains ont quitté la cathédrale.

Lentement, par la rue de la Cité, voie étroite où l'agglomération est grande, et par la rue de Lutèce, que les chambres patronales ont habillée de soies et de guirlandes, le cortège s'avance vers le Palais de Justice.

Les clameurs montent toujours, s'approchent, et lorsque les hauts cavaliers de l'escorte franchissent le seuil de la solennelle demeure, c'est une acclamation immense, retentissante, qui fait chanter les voûtes sonores et se répand, en gerbes vibrantes, dans l'air imprégné de fête.

De la statue de Malesherbes au monument de Berryer, disposée ainsi sur les deux côtés de la vaste salle des Pas-Perdus, la magistrature de Paris — imposante sous la simarre, l'hermine et le rabat — attend la visite de l'Empereur de Russie.

Voici, au premier rang — recours suprême et suprême pensée — la Cour de Cassation. Et la Cour d'Appel, le Conseil de l'Ordre, le Tribunal civil, le Tribunal de commerce. Et les Chambres des avoués et la Presse judiciaire. Et le personnel du Ministère de la Justice. Bien.

Ni fleurs, ni tapisseries, ni drapeaux. Le Palais de Justice a gardé sa physionomie propre, l'allure de sévérité austère qui est la sienne.

Seul, au dessus des fleurs de lis d'or et de la couronne royale qui ornent la grille du monument, un écusson aux armes du Tsar.

Cette simplicité dans l'accueil — simplicité voulue et dont il convient de féliciter les organisateurs — a conféré à la visite impériale au Palais de Justice un incontestable titre d'élégance et de tenue.

Revêtu de l'uniforme vert du régiment Préobajenski, l'Empereur, suivi de l'Impératrice donnant le bras à M. Faure, fait son entrée par l'escalier de la Cour de Mai. En tête marche le Protocole, puis le Commandant militaire du Palais, les gardes. Il est dix heures.

Subitement, un grand silence se fait. Entre une double haie de municipaux, le cortège s'avance avec lenteur et, selon les indications de M. Darlan, le ministre de la Justice, s'arrête un moment devant chacun des groupes rangés en demi-cercle. Le ministre nomme successivement à l'Empereur les grands corps judiciaires.

Le spectacle, à ce moment, est digne d'un peintre officiel : manteaux d'hermine, robes rouges et robes noires, coiffures à torsades d'or, rabats de dentelle, uniformes éclatants, casques étincelants, et, dominant tout le décor et toute cette pompe, les deux grands monuments de marbre, glorificateurs de l'éloquence judiciaire.

Les têtes s'inclinent, l'Empereur salue avec une courtoisie affable, cependant que l'Impératrice, avec le charme profond de sa grâce, gagne les sympathies de la Magistrature comme déjà, au dehors, elle a gagné le peuple de Paris.

La visite terminée, et après avoir ainsi passé la revue des principaux représentants de la Loi, les Souverains se dirigent vers la Sainte-Chapelle, où les attendent, pour leur en faire les honneurs, M. Rambaud, ministre de l'Instruction publique, et M. Boeswilwad, l'architecte du monument.

Ici encore, aucune décoration, aucun attribut étranger au caractère de l'édifice. Aux murs, seulement, les vieilles tapisseries des Gobelins, à la place où elles figurent annuellement, lors de la célébration de la Messe Rouge.

Sur une table, dans la chapelle supérieure, M. Xavier Charmes avait fait disposer des gravures, des estampes et des documents relatifs à l'histoire du Palais de Justice et de la Sainte-Chapelle. Quelques-uns de ces documents, précieux en la circonstance, se rapportaient à Pierre le Grand et à la visite que ce monarque fit au Parlement en 1717.

Des explications nombreuses sont fournies à l'Empereur.

M. Osmont, de la part de la bibliothèque de Reims — d'où le manuscrit avait été apporté la veille — présente un document célèbre, l'*Évangéliaire*, écrit en vieux slavon. C'est sur ce vénérable manuscrit, prétend la légende, que les anciens rois de France prêtaient serment le jour du sacre. L'Empereur le feuillette avec attention et ajoute, en souriant : — « Mais cela se lit très facilement... »

On lui présente encore un parchemin, acte authentique signé par Anna Jaroslovna, princesse de Russie et femme de Henri Ier, roi de France, et d'autres très vieux manuscrits grecs, tirés du fonds de la bibliothèque nationale. Tous ces différents textes ont été photographiés par le soin du ministère de l'Instruction; la collection de ces photographies a été offerte aux Souverains qui l'ont acceptée en remerciant.

Quelques instants après, Leurs Majestés, avec le même cérémonial, quittent la Sainte-Chapelle, précédés du commandant Jouatte, accompagnés jusques en bas du grand perron par le Garde des Sceaux et les Présidents des cours et des tribunaux.

Dans le moment que l'Impératrice monte en voiture et pendant que l'escorte, après avoir salué de l'épée, entoure l'équipage, un bouquet lui est offert et une acclamation enthousiaste retentit.

La foule, au dehors, reprend ses clameurs. Massée sur le boulevard, elle salue le cortège qui, maintenant, par la place Saint-Michel, se dirige vers le Panthéon.

Après avoir franchi le pont Saint-Michel, les voitures s'engagent avec la même allure lente, sur le boulevard. De la place, et grâce à la pente très accusée de la voie, le spectacle est parmi les plus beaux qui se puissent voir. Deux murailles humaines se déroulent dans une perspective sans fin, parmi des drapeaux flottant au vent et jetant comme une pluie de couleurs sur cette foule innombrable. De longues oriflammes, plantées au sommet des mâts, conduisent la perspective et font du boulevard Saint-Michel, une incomparable allée triomphale.

Sur le parcours, des acclamations retentissent. Les Souverains s'inclinent : l'Empereur remercie du geste, l'Impératrice salue avec un sourire. M. Faure se penche vers eux, et, la figure ravie, le regard heureux, leur fait les honneurs de la fête populaire.

Dans la rue Soufflot, la foule est plus nombreuse encore et la circulation est presque impossible. Au fronton du Panthéon se dresse le pavillon aux aigles noires.

Lorsque la voiture impériale s'arrête devant la grille, M. Rambaud, ministre de l'Instruction publique, et M. Roujon, le directeur des Beaux-Arts, suivis de MM. Bonnat, Ledeschaut, Lévy et Puvis de Chavannes, viennent recevoir les Souverains au bas des marches.

F.-G. DUMAS

LA VISITE AU PANTHÉON

J'AI tenu de l'entourage même du Tsar, auquel j'ai été mêlé pendant sa visite au Musée du Louvre, que sa plus grande impression peut-être, à Paris, avait été cette visite matinale au Panthéon qui suivit celle à Notre-Dame et à la Sainte-Chapelle. Dans celles-ci et leur admirable décor, il avait retrouvé le sentiment religieux dans une manifestation peu différente de celle que donnent les cathédrales de Moscou. Car les rites diffèrent peu entre le culte grec et le nôtre. L'architecture avait changé, le gothique s'était substitué au byzantin, mais c'était tout. L'iconostase était absent, mais l'autel occupait la même place, et le même parfum vague d'encens ranci lui rappelait des cérémonies très analogues aux nôtres.

Le Panthéon lui réservait l'impression d'un culte nouveau, bien autrement imprégné de paganisme et d'antiquité latine : le culte de la Patrie. Ce temple élevé, par destination, aux grands hommes ayant servi leur pays ne diffère pas, aujourd'hui qu'il a repris son caractère premier, essentiellement de ceux où les demi-dieux et les héros étaient vénérés pour des souvenirs qu'avait amplifiés la légende, mais qui, sans doute, avaient aussi une racine lointaine dans la vérité.

Et puis l'idée de Patrie est nouvelle encore en Russie et n'a pas eu le temps d'y avoir ses monuments. Qui dit Patrie dit citoyen. La conception, dans l'immense empire, n'en saurait donc remonter plus haut que l'émancipation des serfs par le grand-père du Tsar actuel. Mais c'est son regretté père surtout qui l'éclaircit, pour tous les yeux, dans sa formule si nette de gouvernement dont l'Europe fut étonnée. En refoulant l'élément israélite, grand véhiculeur de cosmopolitisme, en débarrassant ses états du fonctionnarisme et de l'industrie allemands qui s'y étaient lentement infiltrés, en créant des écoles d'art destinées à faire ressortir un goût et une esthétique nationales, en couvrant la Bessarabie et la Crimée de vignes et en favorisant partout les cultures que comportait tel ou tel point du territoire, cet admirable pasteur d'un grand peuple encore enfant, fit le rêve de constituer une Patrie russe qui ne fut tributaire d'aucune autre et se suffit à elle-même, dans une rigoureuse autonomie. Et c'est cette Patrie russe, dans le grand peuple régénéré où frissonnent des ferments nouveaux, qui vient de fraterniser avec la grande Patrie française.

Dans cet ordre d'idées, la magnificence du Panthéon, d'une majesté toute grecque, ne pouvait qu'augmenter, chez notre hôte auguste, l'idée qu'un double atavisme avait déjà mise en lui. Cette immortalité d'hommages publics, attachée à la mémoire de ceux qui ont noblement vécu, ou qui sont glorieusement morts pour leur pays, ne pouvait que frapper son imagination jeune encore et lui révéler un de ces coins de civilisation supérieure que la pensée russe, depuis Pierre le Grand, depuis la grande Catherine, nous a toujours fait l'honneur de venir chercher dans notre France.

Hélas! Il devait trouver l'un et l'autre de ces sentiments d'admiration, une existence utile à la Patrie et le trépas d'un martyr, dans le dernier venu sous ces voûtes funéraires où le génie et l'héroïsme mêlent leurs ombres silencieuses sous les mêmes lauriers, où la gloire et le sacrifice dorment sous les mêmes palmes triomphales et douloureuses! Si son émotion fut grande devant la tombe de Sadi Carnot, s'il demeura longtemps devant elle, debout et en compagnie des héritiers de ce nom illustre, si des larmes attendrirent son regard devant cette dépouille chère et à peine refroidie, c'est que l'admirable vie de ce grand mort et son déclin rapide de soldat frappé en plein champ de bataille soulevaient, en lui, un monde de pensées fraternelles. Son grand-père, à lui, le premier des Tsars ayant caressé un rêve de quelque libéralisme, était aussi tombé sous l'anonyme et stupide vengeance des assassins. Son père, à lui, d'un patriotisme russe si profond et si éclairé, n'avait échappé au même sort que gardé par toute une armée, même dans ses familiales retraites, lui dont les goûts simples, les habitudes de foyer, l'absence de faste eussent fait le plus tranquille et le plus heureux des hommes dans la médiocrité d'une autre existence, lui que plaignaient, dans son admi-

Hommage au Tsar.

Le Tsar et la Tsarine au Tombeau du Président Carnot

Laurent Gsell del.

Les Souverains sortant du Panthéon.

rable séjour de Gatchina devenu pour lui-même une prison, ceux qu'un ruban de sentinelles en écartaient durant des lieues !

Ah ! le rôle de pasteur de peuple a beaucoup perdu de son idyllique sérénité ! Il comporte aujourd'hui, outre la perte de toute tranquillité, l'abandon de toute liberté, une menace incessante de la mort et ceux qui l'exercent, en ayant conscience, méritent quelque admiration. Il faut avoir vu, sur place, ce qu'est le Tsar pour la nation russe, le Tsar, vraiment père du peuple, arbitre entre la noblesse et les pauvres gens, intermédiaire direct — car le pope n'est qu'un fonctionnaire méprisé — entre Dieu et une grande race profondément religieuse, pour comprendre que cette mission surhumaine, que ce devoir d'essence supérieure ne sauraient être déclinés que par un lâche digne de tous les mépris. Bien que simple président d'une république, sans foi religieuse pareille, Sadi Carnot n'en avait pas moins la conscience qu'il était l'élu d'une chose divine aussi : la Patrie ! qu'une loi mystérieuse — celle qui conduit les destinées des peuples — l'avait mis à son poste et qu'il ne pouvait le déserter. C'est au service de cette grande idée qu'il est mort, quelques mois avant le juste repos de son devoir accompli, ce repos fait de calme et d'étude patiente dont il se faisait une joie, par avance, dans ses libres entretiens avec ses amis !

Ce que salua devant sa tombe le jeune Tsar qui veut mieux offrir à celle-ci qu'une fragile couronne, ce sont ces longues souffrances cachées dont il sait aussi maintenant le secret, c'est cette fidélité à sa tâche dont lui-même connaît bien aujourd'hui tout le poids, c'est cette intrépidité devant la mort inique qui devait payer tant de dévouement, et c'est aussi le grand ouvrier de l'alliance russe, le politique clairvoyant et bien avisé qui nous rapprocha de nos vrais amis et jeta, dans le grand sillon européen, les germes de la paix durable dont seul, hélas! il n'a pas vu la féconde floraison!

ARMAND SILVESTRE

Couronne offerte par le Tsar au Président Carnot.

AUX INVALIDES

Cariatide de la porte
du Tombeau de Napoléon Ier.

Après la grande visite de la Ville ; après la délicate Sainte-Chapelle où, saisi de l'émotion du passé, le Tsar lut quelques mots d'un manuscrit slavon, et tint en ses doigts l'évangéliaire du sacre des rois de France ; après le Panthéon et ses chefs-d'œuvre ; après la foule qui, sans cesse, telle la mer, roulait son râle et poussait ses flots contre sa voiture, une suprême visite s'imposait au jeune Empereur : les *Invalides*.

Il entra dans la crypte et franchit la porte de bronze.

C'était là...

Les monarques, hommes de silence et de solitude, ont plus que nous le sens du mystère : l'inconnu, l'invisible, sans bruit, leur parlent... La tête du jeune Souverain, pendant quelques minutes, resta légèrement inclinée, — et sans doute que « Celui qui dort, un aigle à ses pieds » parlait, car aucun de ceux qui eurent l'honneur d'être là ne put distraire le Tsar de son muet dialogue, au seuil du tombeau, avec l'Ombre.

Un ancêtre, le rude Pierre le Grand, était venu jadis voir nos gloires, et les pétillantes chroniques du « joly temps », si mousseuses, trouvèrent un peu ridicule que ce très simple grand homme ne marchât qu'en bottes, portât toujours le même habit brun, et ne se fît jamais coiffer. Du Louvre où, avec une attention toute française, on inscrivait sur une médaille frappée à son effigie :

Vires acquirit eundo, le Tsar courait aux Gobelins, à la Sorbonne, visitait Delisle le géographe — puis, comme il paraissait avoir tout vu, les invités du salon d'Antin le virent se lever, reprendre sa course à travers Paris, se faire reconnaître, et, fier, ayant pour une fois peigné ses cheveux durs et ordonné les plis de son populaire habit brun, entrer, la tête découverte, dans les glorieux Invalides, en saluant les tambours qui, trop vieux pour battre, roulaient de leurs poignets tremblants une mélancolique bienvenue... L'Hôtel s'en souvient encore.

Cette visite l'impressionna fortement. Il regarda les drapeaux, ces trophées uniques dans le monde, si effrayants, si nombreux qu'il semble que la France ait volé la Gloire Humaine. Il voulut tout voir, l'église et les réfectoires. Il baissa son énorme tête sur la soupe de ces vieillards, y goûta un peu, fraternel, saisit un gobelet d'étain, et on lui versa le vin pauvre du soldat obscur; il but, ferme, d'un coup, disant : A la santé de mes vieux camarades ! — puis, songeur, les regarda pleurer de joie.

Il s'en alla, le cœur plein. Mais qu'eût-il dit si le Fantôme qui sommeille aujourd'hui dans les Invalides, si l'autre Empereur s'était trouvé là pour le recevoir?...

Le jeune Souverain n'a pas été voir les soldats : les « vieux soldats » ne sont plus; mais il est allé, sans qu'on l'en prie, où nous allons, nous autres, depuis un siècle; comme les pèlerins de la Mecque, il s'est incliné sur le Tombeau.

Il en a touché le seuil... Et on fait ce rêve qu'à la vue de cet autre jeune César, tout, dans ce temple, a dû reprendre vie, la forme et l'ardeur, le frémissement :

> Les Victoires de marbre à la porte sculptées,
> Fantômes blancs debout hors du sépulcre obscur
> Ont dû se faire signe, et s'appuyant au mur,

éveiller tout à coup le dieu, l'avertir, le redresser, ainsi que son grand aigle, attentifs tous deux, sur leur lit de pierre...

Ils ont dû se parler, d'âme à âme. Des deux côtés de ce mur funèbre, maçonné pour l'éternité par la mort, le dialogue des Césars fut l'échange sans doute d'un grave conseil et d'une juvénile attention. Le vieil Empereur, vêtu de son uniforme de chasseur, avec le grand cordon, la croix, l'épée, dut prendre la souveraine attitude que lui verront les anges lorsque Sabaoth sonnera l'heure d'appeler la Force à sa droite. Il dut se lever à demi, sur un poing, ouvrir, comme pour

Le Tsar au Tombeau de Napoléon

Composition de Réalier-Dumas.

en percer le mur de marbre, ses magnifiques yeux verts, et solennel d'être éveillé en sa longue mort, caressant les plumes de son compagnon de proie, parler au visiteur pensif, à l'auguste enfant qu'il ne voyait pas, mais devinait...

Ah! qu'a-t-il dit que nous ne saurons jamais? Il dut, en paroles monotones, assourdies, glaciales, commencer par le merveilleux tableau de la France, de cette France sans fin qui, lorsqu'on ouvre les cartes de 1810, embrasse l'Europe entière. Il dut lui conter le formidable conte des veillées du siècle, les batailles impériales; parler comme la Nature, de choses divines, dire les règles inconnues de la marche en avant des peuples, le vertige des destinées humaines, ce qu'il entendait par la conquête, le droit, la justice, le *Règne*, mots déshabillés de leur sens, que nous employons, que nous ne connaissons déjà plus, — et revenant à la France, à ce petit pays de la Carte, élever son geste orgueilleux, se dresser plus haut, emplir de sa voix puissante, soudain enthousiasmée, la cave de son dernier rêve; et, là plus qu'ailleurs, attentif aux misères mortelles, l'oreille pleine des vivats de Paris, de ces millions de mains battantes, dire au Tsar « qu'on ne secourait pas la France, *qu'on ne pouvait même l'aider,* qu'il était seulement beau d'être choisi par elle pour coopérer, d'ensemble, à la puissance de la paix des peuples, à la gloire de leur action », et cela sans hâte, avec des mots courts et trapus, congestionnés, qui devaient se mouvoir, tels des blocs, dans l'atmosphère de cet énorme tombeau. Ce dut être simple et grandiose.

Cariatide de la porte du Tombeau de Napoléon Ier.

Et le Tsar, enfin, salua l'Homme qu'avait salué, le soir d'Erfürth, son grand-aïeul Alexandre. Nous partîmes.

Impressionné par le silence du temple, je me mêlai au peuple. Mais en marchant, un très joli conte du Tsar dont je parlais tout à l'heure, du grand Pierre Ier à notre petit duc d'Antin, me revenait en mémoire...

Le fameux Tsar venait de commencer son voyage à travers l'Europe, et las de marcher sans rien faire, de se mêler à tous les travailleurs qu'il voyait s'agiter partout, venait de s'arrêter, au delà des frontières d'Autriche, à Istria.

« Là, dit-il, je pris ma résolution, je voulus être ouvrier. Je mis à bas les derniers insignes qui pouvaient me trahir, et me couvris d'habits misérables, mes souliers surtout étaient en fort mauvais état. Ainsi vêtu, je me présentai comme manœuvre chez un M. Müller, dont les forges étaient renommées. Il me toisa, défiant, mais me trouvant fort, m'accepta. Pendant quinze jours je battis le fer chez lui. J'écoutais les ouvriers parler entre eux de leur métier, je les regardais faire, et ne disais rien. Quand je fus assez instruit, je demandai mon congé à Müller, qui me jeta un regard plus défiant encore et me dit avec dédain, en me donnant pour mon salaire deux écus à la croix de Venise : « Si c'est pour continuer votre route, compagnon, je vous conseille, avec cet argent-là, d'acheter d'autres souliers. » Je trouvai bon l'avis de Müller, et j'achetai les souliers que voilà... »

Le duc d'Antin raconte que le Tsar ouvrit alors une boîte de fer et en tira les souliers, des souliers à gros clous, boueux :

— Ils me rappellent le *travail*, dit l'Empereur. Ah ! monsieur le duc, rien n'a plus de prix que ce qu'on gagne à la sueur de son front.

C'est ce beau trait de l'homme qui régénéra l'empire moscovite dont je me souvenais en flânant. Humbles souliers, vous êtes saints. Reliques de la Russie, que le peuple vous aime, moi je vous admire, — et s'il m'est permis, comme naguère les compagnons de forge du Tsar, de parler, sans souci d'aucun protocole, au jeune Empereur qui vint voir la France, je lui souhaite, le long de son règne heureux, de marcher *dans ces souliers-là* vers la Justice et la Gloire.

Vive le Tsar !

GEORGES D'ESPARBÈS

Les Yachts sur la Seine. Phot. Nadar

L'INAUGURATION

DU PONT ALEXANDRE III

A BORD DU BETTY

C'est à bord du plus joli yacht de plaisance que l'on puisse imaginer, d'un de ces joujoux frêles et gracieux qui semblent quelque longue aiguille glissant au fil de l'eau que j'eus la bonne chance d'assister au spectacle, émouvant, saisissant, féerique que fut la pose de la première pierre du pont Alexandre III.

Dès onze heures du matin, la Seine, qu'une bise d'ouest frise de régulières ondulations, semble tout en joie; en aval et en amont du pont de la Concorde se tient une flottille de yachts que des groupes de curieux examinent attentivement. Eux aussi ont pris la tenue des jours

L'arrivée des Souverains devant la tribune d'honneur.

Phot Nadar

de fête. De l'avant à l'arrière s'étend le grand pavois aux couleurs rutilantes; les cheminées, les ventilateurs, les porte-manteaux de cuivre brillent comme le miroir de quelque grande coquette; les hommes d'équipages vêtus de leur tenue de bord, coiffés de leur béret le plus neuf, mettent la dernière main à la parure de leur bateau dont ils semblent fiers et jaloux.

Sur les berges, au haut des parapets qui bordent les quais du grand fleuve parisien, les groupes commencent à se former.

Les amarres du *Betty* sont larguées les premières et quelques tours d'hélice nous amènent à l'endroit même où aura lieu la cérémonie. Les amorces du nouveau pont sont placées et des fils tout parsemés de drapeaux relient les deux rives et indiquent quelle sera plus tard la physionomie de l'ouvrage. Sur les quais à droite et à gauche s'élèvent d'immenses pylones qui semblent une grande porte ouverte que l'on franchirait avec respect. Du côté du Palais de l'Industrie est dressée la tribune impériale, les crépines d'or dont elle est parée se détachent sur le fond rougeâtre des arbres que ne couvrent plus que des feuilles mourantes, couleur de l'automne qui s'en va.

Sur la rive gauche s'élève la tribune réservée aux invités. Vide en-

Les Salves sur la Seine.

Phot. Nadar

core elle est comme abritée par un immense cartouche où se lit le mot « Pax ». C'est là qu'une foule épaisse se pressera tout à l'heure, c'est là que battront tous les cœurs à la vue d'un spectacle si simple en sa grandeur.

Ce ne sont que drapeaux, que trophées où s'allient comme dans une fraternelle étreinte les couleurs russes et françaises, que buissons verdoyants qu'une main artiste a disposés pour dissimuler tel ou tel instrument disgracieux qui, la fête finie, aidera l'ouvrier à gagner le pain de la femme et des petits. C'est ainsi que sous les draperies aux trois couleurs disparaît une grue de déchargement dont le faîte seul s'élève nu, tandis que des ornements habilement disposés en cachent le soubassement. Tout cela a un air de fête et s'éclaire gaiement d'un rayon de soleil qui filtre à travers deux nuages d'opale. Mais depuis quelques minutes, la Seine est silencieuse. Les bateaux ont cessé de circuler, seuls les yachts privilégiés viennent petit à petit se placer de chaque côté des longs fils pavoisés qui marquent la place du tablier du futur pont. C'est d'abord *l'Almée* qui, semblable à quelque grand oiseau de mer, avec sa coque toute blanche, vient choisir la meilleure place;

puis *l'Infernet* le suit de près. En moins d'une demi-heure, plus de vingt bateaux ont jeté l'ancre à quelques mètres les uns des autres. Cette escadre de plaisance comprend *le Medjé; la Jane; le Sunmaid; le Tenax; le Cypris; la Lieure; l'Hébé; la Sologne; la Linotte; la Gabrielle-Marie; la Louise; la Sainte-Cécile*, et *le Furet* qui tient à son bord tout le personnel des Ponts-et-Chaussées.

Il est une heure à peine et déjà les tribunes sont bondées, les rives se couvrent d'une foule compacte; les uniformes se mêlent aux habits noirs des invités et aux toilettes claires des femmes. Tous les regards sont tournés vers un groupe d'ouvriers qui achèvent d'aménager une barque qui conduira les jeunes filles du haut commerce parisien de l'autre côté de la rivière.

Deux heures viennent de sonner, les jeunes représentantes du haut commerce parisien sont arrivées; vêtues de robes blanches fort simples, la tête couverte d'une mantille de dentelle, elles apportent avec elles un splendide vase d'argent que remplit une gerbe immense d'orchidées mauves et blanches. Chacun est à sa place.

La foule silencieuse et respectueuse attend. La tribune impériale est remplie; les ministres, accompagnés de leurs escortes, sont arrivés; le protocole est à son poste; deux marins, corrects dans leur costume de bord, se tiennent au pied des grands mats où flotteront dans quelques instants le drapeau impérial et le drapeau français. Les yachts sont maintenant bien alignés; debout sur leurs ancres, ils donnent à cette imposante cérémonie une note riante et coquette. Soudain un cri s'élève dans la foule : « Le voilà! » et passe sur toutes les lèvres, rapide comme l'éclair; les cuirassiers de l'escorte viennent d'apparaître sur le pont de la Concorde. Ils ont pris le trot, les lorgnettes sont braquées sur les calèches du cortège, chacun ouvre les yeux le plus grand qu'il peut, afin de graver dans sa mémoire le souvenir du spectacle qu'il contemple. Les tambours ont battu aux champs; l'Empereur est là.

Par la voix de poète, de M. José-Maria de Heredia, la France et Paris saluent Nicolas II et Alexandra Feodorowna en des strophes brillantes et sonores, comme ces urnes antiques fondues de l'alliage des métaux les plus résistants et les plus précieux. Voici cette belle pièce, puissamment dite par M. Paul Mounet :

SALUT A L'EMPEREUR

Pax et Robur.

Très illustre Empereur, fils d'Alexandre Trois !
La France, pour fêter ta grande bienvenue,
Dans la langue des Dieux par ma voix te salue,
Car le poète seul peut tutoyer les rois.

Et Vous, qui près de lui, Madame, à cette fête
Pouviez seule donner la suprême beauté,
Souffrez que je salue en Votre Majesté
La divine douceur dont votre grâce est faite !

Voici Paris ! Pour vous les acclamations
Montent de la cité riante et pavoisée
Qui, partout, aux palais comme à l'humble croisée,
Unit les trois couleurs de nos deux nations.

Pour vous, Paris en fête, au long du large fleuve
Qui roule dans ses flots les sons et les couleurs,
Gigantesque bouquet de flammes et de fleurs,
Met aux arbres d'automne une floraison neuve.

Et sur le ciel, au loin, ce Dôme éblouissant
Garde encor des héros de l'époque lointaine
Où Russes et Français en un tournoi sans haine,
Prévoyant l'avenir, mêlaient déjà leur sang.

Sous ses peupliers d'or, la Seine aux belles rives
Vous porte la rumeur de son peuple joyeux,
Nobles Hôtes, vers vous les cœurs suivent les yeux.
La France vous salue avec ses forces vives !

La Force accomplira les travaux éclatants
De la Paix, et ce pont jetant une arche immense
Du siècle qui finit à celui qui commence,
Est fait pour relier les peuples et les temps.

Qu'il soit indestructible, hospitalier à l'hôte,
Que le ciment, la pierre et que le métal pur
S'y joignent, et qu'il soit assez large et si sûr
Que les peuples unis y passent côte à côte.

Et quand l'aube du siècle à venir aura lui,
Paris, en un transport d'universelle joie,
Ouvrira fièrement la triomphale voie
Au couple triomphal qu'il acclame aujourd'hui.

Sur la berge historique avant que de descendre,
Si ton généreux cœur aux cœurs français répond,
Médite gravement, rêve devant ce pont.
La France le consacre à ton père Alexandre.

Tel que ton père fut, sois fort et sois humain,
Garde au fourreau l'épée illustrement trempée,
Et guerrier pacifique appuyé sur l'épée,
Tsar, regarde tourner le globe dans ta main.

Le geste impérial en maintient l'équilibre ;
Ton bras doublement fort n'en est point fatigué,
Car Alexandre, avec l'Empire, t'a légué
L'honneur d'avoir conquis l'amour d'un peuple libre.

Oui, ton Père a lié d'un lien fraternel
La France et la Russie en la même espérance ;
Tsar, écoute aujourd'hui la Russie et la France
Bénir, avec le tien, le saint nom paternel.

Achève donc son œuvre. Héritier de sa gloire,
De ta loyale main prends l'outil vierge encor,
Étale le mortier sous la truelle d'or,
Frappe avec le marteau d'acier, d'or et d'ivoire ;

Viens !... Puisse l'Avenir t'imposer à jamais
Le surnom glorieux de ton ancêtre Pierre,
Noble Empereur qui va sceller la grande pierre,
Granit inébranlable où siégera la Paix !

Hommage au Tsar.

Au Pont Alexandre III
Le Cortège des jeunes filles allant offrir des fleurs à la Tsarine

Laurent Gsell, del.

L'INAUGURATION DU PONT ALEXANDRE III

Des bravos enthousiastes éclatent.

L'Empereur, comme galvanisé par le souffle qui vient de passer, serre avec une vigueur aimable la main de M. de Heredia qu'il a fait mander près de lui, et, d'un signe de tête, il accorde au poète, qui la lui demande, l'autorisation de baiser la main de l'Impératrice.

L'arrivée du cortège des jeunes filles. Phot. Nadar.

M. Henry Boucher, ministre du Commerce, convie ensuite l'Empereur, par les paroles suivantes, à présider à la pose de la première pierre du pont Alexandre III :

> Sire,
>
> La France a voulu dédier à la mémoire de Votre Auguste Père l'un des grands monuments de sa capitale.
>
> Au nom du gouvernement de la République, je prie Votre Majesté Impériale de vouloir bien consacrer cet hommage en scellant, avec le Président de la République, la première pierre du pont Alexandre III qui reliera Paris à l'Exposition de 1900, et d'accorder ainsi à la grande œuvre de civilisation et de paix que nous inaugurons la haute approbation de Votre Majesté et le gracieux patronage de l'Impératrice.

Le Tsar et la Tsarine s'inclinent. Puis les Souverains et le Président de la République signent le procès-verbal qui doit être placé dans la première pierre du pont Alexandre III, vers laquelle, tous trois, suivis de leur suite, se mettent en marche. Le premier, l'Empereur saisit la truelle d'or et répand le ciment ; puis, prenant le marteau, il frappe la pierre à deux reprises.

Phot. Bardin.
Spectateurs à distance de l'Inauguration du Pont.

Le Président de la République fait de même après lui.

Ce rite accompli, l'Empereur, l'Impératrice et le Président franchissent le court espace qui les sépare de l'escalier au bas duquel vient

Phot. Pierre Petit
Sur le passage des Souverains.

d'accoster le blanc canot, festonné et enrubanné, qui amène les vingt jeunes filles en robes blanches.

Dès qu'elles sont arrivées sur le quai, M. le ministre du Commerce les présente au Tsar et à la Tsarine et s'exprime ainsi :

« J'ai l'honneur de présenter à Sa Majesté ces jeunes filles, qui appartiennent aux plus notables familles de l'industrie et du commerce parisiens. Elles viennent déposer à ses pieds l'hommage de leurs vœux. Elles la prient d'accepter ces fleurs. »

Les fleurs en question sont de divines orchidées mauves et blanches : elles jaillissent du vase précieux, œuvre fine et artistique du maître Froment-Meurice.

La Tsarine remercie, et les jeunes filles tour à tour lui baisent la main.

O! que cette cérémonie touchante, simple, grandiose, a produit sur la foule une impression profonde, comme tous ceux qui étaient là ont senti leur cœur battre dans leur poitrine. Mais aussi quel silence, quel respect dans ce peuple si bruyant et si facilement agité; seul le clapotement cadencé des rames et la voix des chœurs chantés de l'autre côté de la rive rompaient la mélancolieuse rêverie de cette foule haletante.

Mais déjà les cavaliers se remettent en mouvement, les escortes reprennent leur formation, la calèche impériale s'avance sur le devant de la tribune. L'Empereur, l'Impératrice y prennent place; le Président s'est assis en face du Tsar, et au milieu du cliquetis des sabres et des

Modèle d'une médaille gravée par Roty, offerte à la Grande-Duchesse Olga.

cuirasses, que souligne, plus triste que tout à l'heure, le roulement des tambours qui battent aux champs, le cortège disparaît, cependant que le soleil comme pour sourire à la joie des Français jette un éclatant rayon sur les ombres qui s'estompent et se dispersent lentement comme attristées que ce soit déjà fini...

GEORGES NANTEUIL

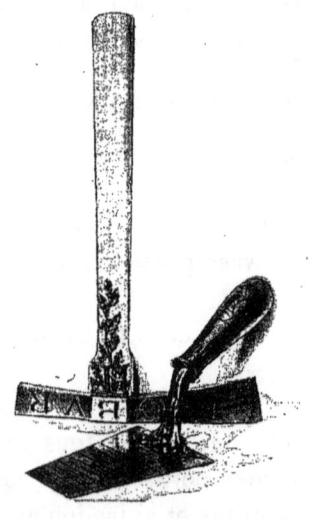

La truelle et le marteau exécutés par L. Falize.

Pose de la première Pierre.   Dessin de J. Grigny.

LA PREMIÈRE PIERRE

Le Treuil   Phot. Mairet

... Le soleil a déchiré les nuées grises qui l'étreignaient et voici que palpitent, que luisent joyeusement dans le ciel bleu, pareil à un champ de lins en fleurs, les banderoles de fête, les drapeaux d'espoir qui tracent au-dessus du fleuve la route prochaine où passeront des foules heureuses.

Et l'eau qu'anime toute une escadrille de bateaux pavoisés et tumultueux, qu'irradient des reflets changeants, qui miroite dans ces douces clartés de déclin, ainsi qu'un vénérable manteau de sacre, charrie des échos de clameurs et de musiques.

LA PREMIÈRE PIERRE

Phot. Nadar
Les Souverains dans la Tribune officielle.

Par delà les arches des ponts, les cimes des peupliers d'or, les squelettes d'arbres qu'un miracle semble avoir refleuris, entre les lourds pylônes symboliques où des guirlandes de buis et de roses se balancent autour du mot solennel : *Pax*, l'ossature audacieuse de la Tour se dresse comme un phare, les minarets du Trocadéro font songer à une féerique cité d'Orient que réveillent les psalmodies aiguës des muezzins.

Et c'est de tous côtés, vers la place de la Concorde dont chaque statue soutient une grappe humaine, vers les Champs-Élysées, vers les Invalides qui bornent l'horizon comme d'une tiare géante et magnifique, une grande rumeur de peuple qui s'accroît par instants, qui ressemble à la voix formidable de l'Océan lorsqu'en une marée d'équinoxe, les vagues chevauchent les vagues, assiègent les falaises, balayent les digues

On croirait que des milliers et des milliers de voix répètent le même nom, la même prière.

Cependant, de l'autre rive, s'est détachée soudain une longue barque blanche que guident des rameurs vêtus de blanc et où sourient

Les jeunes filles portant le Vase de fleurs offert à la Tsarine.

des jeunes filles dont le vent gonfle les claires mousselines virginales. Elle s'avance dans un flottement de pavillons — tels de loin que des pétales de fleurs effeuillées. Elle argente la nappe paisible du fleuve d'un sillage radieux, comme la nacelle où le Chevalier du Graal s'appuyait sur sa lourde épée et que traînait lentement, doucement, le Cygne.

Et deux par deux, théorie charmante et timide, qui évoque les processions de jadis, en descendent, des roses de France aux doigts, celles que l'on élut pour apporter à la Tsarine l'hommage du Paris qui travaille, qui produit, des fleurs rares et belles qui s'épanouissent dans un merveilleux vase d'argent. Et en leur tendant ses mains de bon accueil, en les remerciant d'un pâle et nostalgique sourire, on croirait que l'Épouse dont l'âme déborde de tendresse et de joie, que la Mère qui voulut associer son enfant à ce voyage de paix se rappelle ses années de jeunesse, d'illusions, la vieille petite ville d'Allemagne qui les abrita, les plaisirs simples, modestes qui la ravissaient, les horizons familiers qui les encadraient, les jardins embaumés qui surprirent ses rêves...

Puis, tandis que comme en une église, toutes les têtes se découvrent, que les matelots hissent les drapeaux des deux peuples désormais unis, l'Empereur fait le geste auguste qui instaure les villes naissantes, les

Le Tsar, la Tsarine et le Président de la République à l'arrivée des jeunes filles.

Phot. Nadar.

L'embarcation portant le cortège des jeunes filles.

monuments d'orgueil et de gloire, les temples d'expiation, les palais de bonheur, étend, ainsi qu'en des strophes sonores, autant qu'une cloche du plus pur métal, l'annonça le poète, « le mortier sous la truelle d'or ».

Et l'on a la vision des fêtes futures et splendides où naîtra le siècle nouveau, de ce pont grandiose qui portera le nom d'un Empereur dont l'âme sereine souhaita des jours de fraternité et d'amour, de la houle humaine qui l'envahira, qui le couvrira sans l'ébranler de ses remous incessants, l'on s'imagine déjà ouïr comme au pied de Babel des idiomes ignorés, des chansons étranges, des appels de barbares, des voix attirantes, mystérieuses de femmes souples et tentatrices venues on ne sait d'où...

... Les cuirassiers s'en sont allés dans un tourbillon de poussière blonde, la rumeur de la foule s'élargit, devient comme démente, monte jusqu'aux profondeurs du ciel et s'éteint peu à peu, n'est plus qu'un murmure lointain d'orage que le vent emporte.

Et autour de la première pierre, ce ne sont plus que le frisselis des feuilles mortes qui tombent, que la plainte grave, mélancolisante de l'eau qui s'enfuit...

RENÉ MAIZEROY

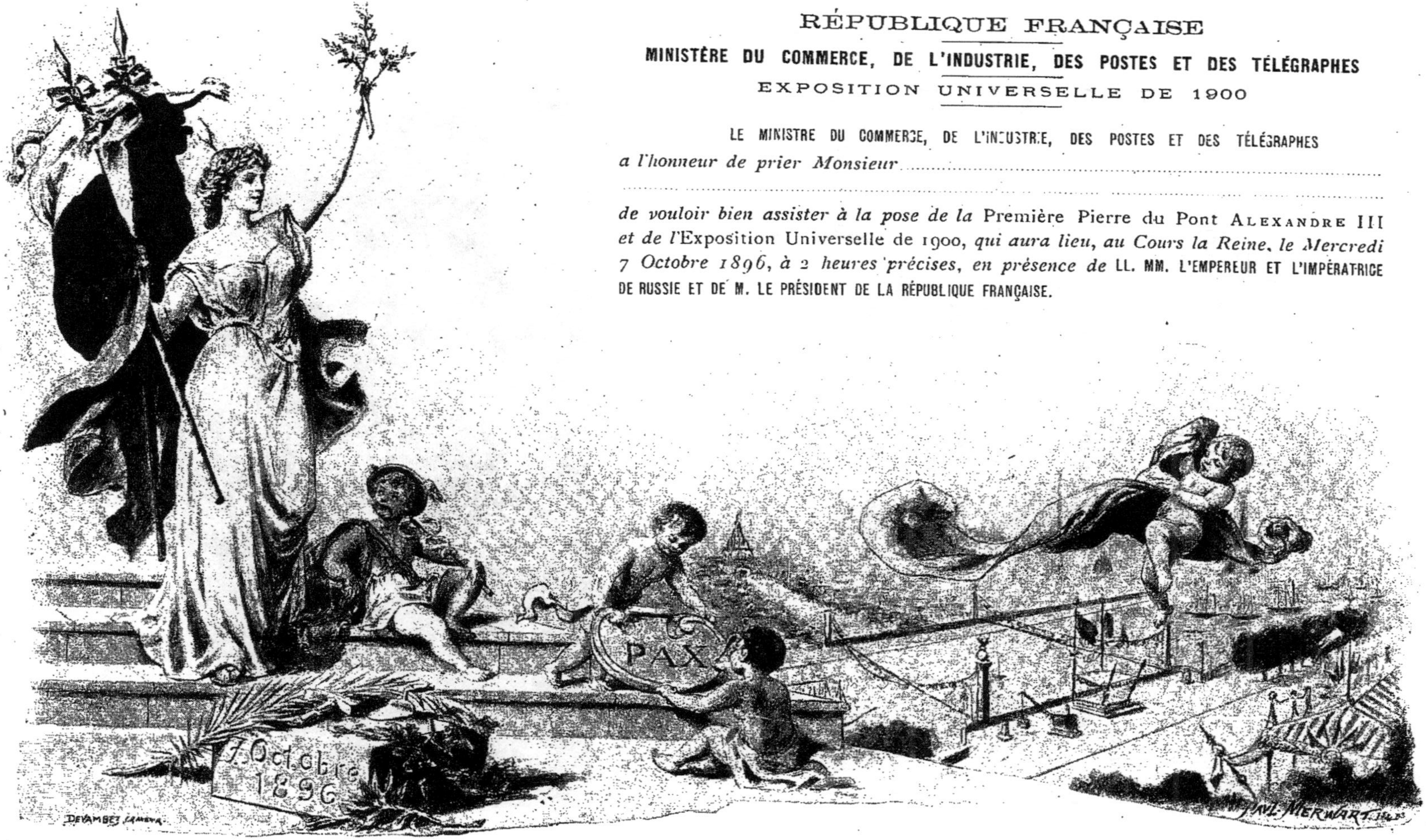

RÉPUBLIQUE FRANÇAISE

MINISTÈRE DU COMMERCE, DE L'INDUSTRIE, DES POSTES ET DES TÉLÉGRAPHES

EXPOSITION UNIVERSELLE DE 1900

LE MINISTRE DU COMMERCE, DE L'INDUSTRIE, DES POSTES ET DES TÉLÉGRAPHES

a l'honneur de prier Monsieur ....

de vouloir bien assister à la pose de la Première Pierre du Pont Alexandre III et de l'Exposition Universelle de 1900, qui aura lieu, au Cours la Reine, le Mercredi 7 Octobre 1896, à 2 heures précises, en présence de LL. MM. L'EMPEREUR ET L'IMPÉRATRICE DE RUSSIE ET DE M. LE PRÉSIDENT DE LA RÉPUBLIQUE FRANÇAISE.

Carte d'invitation à la pose de la première Pierre du Pont Alexandre III

A LA MONNAIE

Dans le ciel grisaille, les nuages roulent, percés çà et là de pâles rayons d'un automnal soleil qui met des lames d'or sur le fleuve.

Sur la rive droite, au loin, le long des quais, les maisons profilent leurs hautes silhouettes dans la brume légère, estompées d'ombre.

Sur le Pont-Neuf déjà la foule s'entasse houleuse, compacte, débordant sur le quai Malaquais, où les municipaux la poussent sur les trottoirs, dégageant la chaussée.

Devant la Monnaie, décorée de drapeaux russes et français réunis en faisceaux, deux douaniers montent la garde, l'arme au bras. A la petite porte de service se tiennent deux huissiers qui laissent pénétrer les invités munis de cartes.

A trois heures un bataillon du 104ᵉ de ligne vient former la haie devant le cordon d'agents qui maintiennent la foule. Celle-ci — qui dès le matin est venue occuper les meilleures places — s'amuse des moindres incidents, pour calmer l'impatience de l'attente.

Une voiture des postes passe au grand trot; des hurrahs ironiques la saluent et le cocher répond par de majestueux saluts; un caniche noir — l'inévitable cabot des manifestations populaires — traverse la

Médaille gravée par Chaplain en l'honneur du Tsar et de la Tsarine.

chaussée poursuivi par les éclats de rire, les clameurs ne cessent de retentir sur le passage des voitures se rendant à l'Hôtel de Ville.

Devant l'entrée principale de la Monnaie, un petit groupe de privilégiés cause avec animation. A trois heures et demie arrive M. Lépine; après un rapide examen des dispositions prises pour le service d'ordre, le Préfet de police repart à la rencontre du cortège qui vient de quitter le Cours la Reine après l'inauguration du pont Alexandre III.

La grande porte cochère s'ouvre laissant voir la décoration de la cour, où des plantes vertes ont été disposées très artistiquement; les murs sont garnis de drapeaux et d'écussons. Un bataillon de douaniers en armes s'aligne sur deux files.

Tout à coup, dans la foule, un remous se produit; puis un silence, un recueillement, l'attente...

Au loin résonne un cliquetis d'armes assourdi par une clameur vague, d'abord à peine perceptible, qui roule et se rapproche semblable au tonnerre, d'instant en instant devient plus distincte et éclate en formidables acclamations dont sont salués les Souverains. La troupe présente les armes; sur le pont, la musique du 104ᵉ joue l'hymne russe. Encadrée par les cuirassiers, dont le trot fait trembler la terre, la « Daumont » impériale stoppe à trois heures trois quarts devant la Monnaie, tandis que l'escorte se range en ligne. Le marchepied déployé, M. Félix Faure descend, puis l'Empereur et l'Impératrice à qui le Président tend la main.

Le Tsar, la Tsarine donnant le bras à M. Félix Faure, pénètrent

À la Monnaie. — Frappe de la Médaille Commémorative de M. Chaplin.
Composition de M. Vavasseur.

Hommage au Tsar.

dans l'Hôtel ; immédiatement derrière eux viennent les personnages de leur suite. La musique des douaniers, rangée dans la cour, joue l'hymne russe.

M. Cochery, ministre des Finances, entouré de MM. de Foville, directeur de la Monnaie; Collière, chef des travaux; Chaplain, Roty, Tasset, du haut personnel du ministère des Finances, se porte au-devant de Leurs Majestés, à qui il souhaite la bienvenue.

Le fils du ministre, M. Jean Cochery, un bambin de sept ans, offre un superbe bouquet à l'Impératrice.

Le cortège traverse la cour d'honneur, salué par les acclamations des invités qui se tiennent sur les deux terrasses du pavillon central.

La visite des ateliers commence par la salle des presses à vapeur où l'on frappe justement de la monnaie d'argent russe. L'Empereur et l'Impératrice s'arrêtent quelques instants et suivent avec intérêt le travail des ouvriers.

Puis on frappe en présence des Souverains la première pièce française de cent francs du nouveau modèle. MM. Chaplain et Roty ont composé les types de cette nouvelle monnaie; c'est le dessin de M. Chaplain qui a servi à cette épreuve d'essai.

De la salle des presses, le cortège se dirige vers le nouvel atelier de laminage qu'on inaugure devant l'Empereur et l'Impératrice ; de là, on se rend dans l'atelier des médailles où doit être frappée la médaille commémorative offerte au Tsar et à la Tsarine. C'est M. Mazorin, le doyen des ouvriers, qui procède à cette opération, avec la même presse qui déjà, en 1717, servit à la frappe de la médaille en commémoration de la visite de Pierre le Grand.

Le Tsar et la Tsarine examinent la médaille à leur effigie, portant au verso : *Leurs Majestés l'Empereur et l'Impératrice de Russie visitent la Monnaie de Paris, le 7 octobre 1896*, félicitent M. Chaplain qui en est l'auteur et remercient le Président de la République qui leur en fait hommage.

La visite des ateliers est terminée. Le cortège traverse de nouveau la cour d'honneur et se dirige vers le Musée où va avoir lieu la réception.

Après avoir gravi le grand escalier à double évolution, décoré de fleurs et de plantes vertes, avec sur le palier des guirlandes d'œillets et de roses, Leurs Majestés pénètrent dans le grand salon, tendu de superbes tapisseries des Gobelins et garni de superbes meubles anciens.

L'Empereur et l'Impératrice examinent, avec un très vif intérêt,

Les Souverains se rendant à la Monnaie.

les vitrines où ont été réunies les plus belles médailles des collections de la Monnaie.

Cependant, le Président de la République s'approche de la table de l'abbé Terray, conservée dans le Musée, et sur laquelle on aperçoit dans un semis de fleurs, différents écrins contenant les médailles commémoratives de la visite impériale, en trois épreuves : or, argent, bronze.

Le Président offre un écrin à l'Empereur et à l'Impératrice et il prie la Tsarine d'accepter également un écrin contenant différentes médailles anciennes et des jetons en or, parmi lesquels celui de Marie-Antoinette. Le Président de la République fait hommage à l'Empereur des médailles frappées à l'occasion du voyage en France de Pierre le Grand en 1717, et d'Alexandre II, en 1867.

Au milieu du Salon sont disposés trois grands fauteuils; Leurs Majestés y prennent place avec le Président de la République ; après les présentations des hauts fonctionnaires de la Cour des Comptes et du Ministère des Finances, M. Cochery offre une tasse de thé à l'Impératrice et une coupe de champagne à l'Empereur.

Après quelques instants de repos, le cortège se reforme et redescend l'escalier. Sous la voûte est venue se ranger la « daumont » dans laquelle montent Leurs Majestés et M. Félix Faure.

Montjarret donne le signal du départ et la voiture se dirige au pas vers l'Institut, au milieu des acclamations de la foule auxquelles les Souverains répondent avec cette affabilité qui a tant séduit les Parisiens.

Aussitôt après le départ des visiteurs impériaux, les invités se répandent dans les salons pour gagner la sortie pendant que, dans la cour, d'immenses tables se dressent prestement.

Des paniers de Champagne sont apportés ; les bouteilles, les verres s'alignent. Tous les ouvriers, employés de la Monnaie, se rangent autour des tables. Le Ministre des Finances, entouré du directeur et du personnel de la Monnaie, porte la santé de tous ses collaborateurs, les plus illustres comme les plus modestes, puis les verres se vident à la santé de l'Empereur et de l'Impératrice.

PIERRE NEBLIS

A L'ACADÉMIE FRANÇAISE

L E Tsar Pierre, quand il vint à Paris, en 1717, voulut connaître tout ce qui avait rendu, sous le Grand Roi, la France illustre entre les nations de l'Europe. Il visita l'Académie française qui comptait quatre-vingt-deux ans d'existence et qui, bien que découronnée des hommes qui avaient fait sa gloire : Corneille, Racine, Boileau, Bossuet, Fénelon, La Bruyère, était encore, grâce à leur renommée, aussi célèbre qu'elle l'avait jamais été. Elle formait, en 1896, comme un lien entre la France monarchique des premières années du xviiie siècle, qu'avait vue Pierre Ier, et la France républicaine de la fin du xixe, que venait visiter Nicolas II.

C'est qu'il n'y a rien de plus français en France que cette compagnie, la plus particulière de toutes les académies du monde, connue partout et sans pareille nulle part. Le nom d'immortel qu'ont mérité plusieurs de ses membres, et dont on décore les autres, avec une traditionnelle et courtoise ironie, demeure vrai de ce que l'Académie représente, consacre et garde : le trésor d'art du génie national et son chef-d'œuvre, la langue française. En conservant à cette langue sa probité native, sa clarté universelle, sa délicatesse légère, un je ne sais quel mélange de politesse seigneuriale et de franchise populaire, l'Académie contribue à assurer à la nation la gloire qui ne passe point, et tient la France associée à toute œuvre de civilisation qui s'accomplit en Europe.

L'Empereur Nicolas ne se conformait pas seulement à l'exemple de son aïeul, il montrait que la langue française avait, pour le grand peuple qu'il gouverne, conservé son attrait et son prestige ; que notre théâtre, notre roman, notre critique, notre pensée sous toutes ses formes littéraires, sont en Russie une partie de la vie intellectuelle et de la vie élégante.

La séance qu'avait désirée l'Empereur était une séance intime, sans habits verts, sans le Tout-Paris des « premières » de la Coupole, sans harangues d'apparat, une séance de Dictionnaire enfin.

Le vestibule fut décoré avec des tapisseries du grand siècle, d'une fraîcheur et d'un éclat admirables ; des fleurs furent déposées sur les paliers de l'escalier, raide et tournant, que gravissent les académiciens ; des bouquets de verdure corrigèrent l'aspect un peu funèbre des galeries où se dressent, blancs et mornes, les bustes des immortels d'autrefois, où Chateaubriand seul a sa statue et trône, le front orageux, drapé dans son manteau romantique.

Le bureau de l'Académie : MM. Legouvé, doyen et directeur, Gaston Boissier, secrétaire perpétuel, le vicomte de Vogüé, chancelier, attendaient en haut de l'escalier le Président de la République et les Souverains, auxquels ils furent présentés. Puis le cortège s'achemina vers la salle où l'Académie se réunit : un grand portrait de Richelieu au-dessus de la cheminée où s'échangent les confidences et où se font les élections ; quelques bustes le long des murs, entre autres ceux de Lamartine, de Guizot, de Thiers ; pour tout ornement extraordinaire, des portraits de l'Empereur Nicolas et de l'Impératrice, envoyés par un artiste russe. En face du bureau, trois fauteuils avaient été disposés ; le Président de la République y prit place, ayant à sa droite l'Empereur et à sa gauche l'Impératrice. Les académiciens, en costume de ville, s'étaient placés sur les sièges (les fauteuils légendaires, en réalité de simples chaises) qui faisaient face au Président de la République et aux Souverains. Les autres sièges, autour de la table circulaire qui occupe

Le Tsar, la Tsarine et le Président de la République
assistant à la Séance de l'Académie Française

Composition de Laurent Gsell

presque toute la salle, avaient été réservés aux dames d'honneur, à l'ambassadeur de Russie, aux personnages du cortège; beaucoup d'officiers de la suite durent rester debout, et toute cette assemblée chamarrée, décorée, faisait un étrange cadre d'or et de soie chatoyante au groupe un peu noir des académiciens.

M. Legouvé déclara la séance ouverte, puis il se leva et prononça, avec cet art et ce naturel qui ont fait de lui le maître de la diction, ce petit discours tout en nuances, tout plein de cœur et tout plein d'esprit :

Sire, Madame,

Il y a près de deux cents ans, Pierre-le-Grand, au cours de son voyage à Paris, arriva un jour, à l'improviste, au lieu où se réunissaient les membres de l'Académie, s'assit familièrement au milieu d'eux et se mêla à leurs travaux.

Cette visite, si pleine de cordialité, est restée dans nos archives comme un de nos plus précieux souvenirs.

Votre Majesté fait plus encore, aujourd'hui : elle ajoute un honneur à un honneur en ne venant pas seule (se tournant vers l'Impératrice); votre présence, Madame, va apporter à nos graves séances quelque chose de bien inaccoutumé... le charme.

Comment remercier Vos Majestés de daigner prendre place dans cette petite salle ? Le meilleur moyen est, ce me semble, de vous donner une idée de ce qui s'y passe, de vous faire assister à une de nos séances ordinaires, de vous montrer les académiciens... à l'ouvrage. L'empereur du Brésil a pris part plus d'une fois à nos discussions philologiques; le grand-duc Constantin a paru s'y plaire, cela nous laisse espérer que Vos Majestés ne regretteront pas trop les quelques moments qu'elles veulent bien nous consacrer, et dont nous sentons tout le prix.

Me sera-t-il permis de le dire ? Ce témoignage de sympathie s'adresse, non seulement à l'Académie, mais à notre langue nationale elle-même... qui n'est pas pour vous une langue étrangère, et l'on sent là je ne sais quel désir d'entrer en communication plus intime avec le goût et l'esprit français. Une telle bienveillance nous enhardit; elle nous reporte à votre immortel ancêtre; sa visite se relie pour nous à la vôtre, et, dans notre gratitude, nous osons adresser une prière à Vos Majestés : souffrez que nous fêtions par avance, dans ce jour, le bi-centenaire de l'amitié cordiale de la Russie et de la France.

La parole fut alors donnée à François Coppée. Il sortit de son banc, s'avança entre le bureau et les Souverains et lut des stances que l'Académie écouta avec émotion.

Elle eut le sentiment que le poète qui parlait en son nom tenait un langage parfait, disant justement ce qu'il fallait dire ce jour-là, à cette heure, devant cette assemblée :

> Dans cet asile calme où le culte des lettres
> Nous fut fidèlement transmis par les vieux maîtres.
> Ainsi que le flambeau de l'antique coureur,
> A ce foyer, dans cette atmosphère sereine,
> Bienvenue à la jeune et belle souveraine,
>   Bienvenue au noble Empereur !
>
> Votre chère présence est partout acclamée
> Par l'imposante voix du Peuple et de l'Armée
> Emus de sentiments profonds et solennels ;
> Et, sur la foule heureuse et de respect saisie,
> Vous voyez les couleurs de France et de Russie
>   Palpiter en plis fraternels.
>
> Tous les vœux des Français vont, Sire, au fils auguste
> Du magnanime Tsar, d'Alexandre le Juste ;
> Car, en vous, son esprit pacifique est vivant.
> Vous, Madame, devant vos yeux purs et sincères,
> Dans les groupes charmés, vous entendez les mères
>   Vous bénir, vous et votre enfant.
>
> Ici s'éteint le bruit dont un peuple s'enivre.
> Nous pouvons seulement vous présenter le livre
> Qui garde ce trésor : la langue des dieux ;
> Mais, chez nous, c'est la France encor qui vous accueille,
> Et vous lisez le mot « amitié » sur la feuille,
>   Qu'elle place devant vos yeux.
>
> Puis nous évoquerons notre gloire passée,
> Nos devanciers fameux, princes de la pensée,
> Corneille, Bossuet, tant d'autres noms si beaux,
> Avec l'orgueil de voir nos souvenirs splendides
> Honorés par vous, Sire, ainsi qu'aux Invalides,
>   Vous saluez nos vieux drapeaux.
>
> Enfin, bien à regret — l'heure si tôt s'écoule —
> Nous vous rendrons tous deux à l'amour de la foule,
> Au grand Paris offrant son âme en ses clameurs ;
> Mais pour vous suivre aussi dans cette ardente fête
> Où vous êtes portés, comme a dit un poète,
>   En triomphe par tous les cœurs.

M. Legouvé dit ensuite la parole sacramentelle : « l'Académie va reprendre le travail du dictionnaire ». Mais, auparavant, M. Gaston Boissier expliqua, en quelques phrases limpides, ce qu'est ce travail dont tant de gens se raillent et que si peu connaissent. L'Académie travaille, comme on disait autrefois, à la perfection de la langue. Chaque édition du dictionnaire fixe, pour un temps, l'usage de cette langue dans les bonnes lettres et dans la bonne compagnie ; — et, chaque édition achevée, il en faut recommencer aussitôt une autre, car il est de l'essence de cet ouvrage de ne jamais finir, la langue s'appauvrissant sans cesse de mots qui se dessèchent, se décolorent, meurent ; s'enrichissant, par contre, d'expressions qu'un sens nouveau rajeunit, ressuscite parfois et revêt d'un nouvel éclat, de termes aussi que l'esprit crée pour des pensées ou des images nouvelles ; et le rôle de l'Académie est de lutter contre le dégoût sans motif, l'ingratitude à l'égard des bons vieux mots, serviteurs de l'ancien esprit français, contre l'engouement pour les expressions improvisées, parasites, les sens faussés, enfin de maintenir, dans ces transformations continuelles, la langue fidèle à son propre génie.

On en est au mot " animer ". Le mot prête : il s'agit de l'âme et de la vie. Le secrétaire perpétuel lit la définition proposée par la commission du dictionnaire. Sully-Prudhomme en indique une plus précise et la soutient de quelques remarques de philosophie, sincères et profondes, comme sa poésie. On conteste, on réplique ; on cite, on riposte, on feuillette les auteurs ; les phrases brèves, légères, souvent ironiques, portent, ricochent : c'est la raquette académique. L'Empereur et l'Impératrice y semblent prendre intérêt ; ils suivent les propos au vol, se penchent vers le Président de la République, lui demandent tout bas le nom des interlocuteurs, et M. Félix Faure sourit, heureux de faire à nos hôtes les honneurs de l'Assemblée.

Mais, il est cinq heures passées. L'Académie sait que Paris attend. Leurs Majestés et M. le Président de la République sont priés de signer la feuille de présence ; puis M. Gaston Boissier offre à nos hôtes des exemplaires, reliés en la forme consacrée depuis Louis XIV, d'une étude que M. le comte d'Haussonville a, sur la demande de l'Académie, composée à leur intention et qui traite du voyage du Tsar Pierre. La séance est levée. Les Souverains se retirent, mais c'est pour s'arrêter dans la galerie des bustes. L'Impératrice a exprimé le désir que les académiciens lui fussent présentés. M. Legouvé nomme tour à tour ses confrères à l'Impératrice, à l'Empereur. Ce sont MM. le duc de Broglie, le duc d'Aumale, Mézières, Sardou, le duc d'Audiffret-Pasquier, Sully-Prudhomme, Cherbuliez, Édouard Pailleron, Coppée, Joseph Bertrand, Ludovic Halévy, Hervé, Gréard, comte d'Haussonville, Claretie, Meilhac, de Freycinet, Pierre Loti, Lavisse, vicomte de Bornier, Thureau-Dangin, Brunetière, de Heredia, Sorel, Henry Houssaye, Jules Lemaître.

Descendus sur la place, les académiciens se dispersent en petits groupes et commentent cette séance qui laissera dans les chroniques de la compagnie un si précieux souvenir; puis ils regardent le cortège impérial qui s'éloigne comme porté par une mer humaine, onduleuse, frémissante; elle monte avec un bruit d'acclamations, et va baigner les murs de la maison de Ville enguirlandée de fleurs, toute blanche et triomphante sous sa couronne de lumière.

ALBERT SOREL
de l'Académie Française.

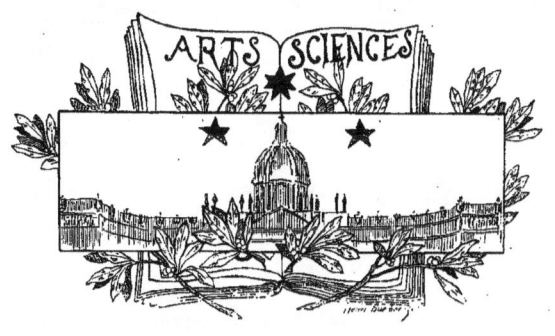

LA VISITE A L'HOTEL DE VILLE

La fête de l'Hôtel de Ville parmi les réceptions, visites et galas organisés en l'honneur des Souverains russes et combinés de façon à leur donner une rapide image de notre grandeur nationale : d'un passé glorieux que le présent s'efforce d'égaler, la fête de l'Hôtel de Ville, disons-nous, a été, par excellence, la fête parisienne — c'est-à-dire la fête de la foule et du goût. Et c'est le rapprochement de ces deux termes, dont il semble qu'à priori l'un doive exclure l'autre, unis et confondus dans une parfaite harmonie, qui a fait, semble-t-il, au milieu des meilleures impressions, une impression particulièrement profonde et vive sur l'esprit de nos hôtes impériaux.

Phot. Vavasseur
Décoration de la place de l'Hôtel-de-Ville.

Lorsque l'Empereur Nicolas, sortant de l'Académie, a pris contact avec le peuple immense qui se pressait sur son passage et formait sur le chemin de l'Hôtel de Ville une vaste mer humaine, couvrant les trottoirs, les places et les rues, et s'étendant si loin en profondeur qu'on ne voyait que la foule et toujours la foule, quand il a vu, arrivant sur la place du Châtelet, l'Hôtel de Ville se dressant lumineux dans le flamboiement des illuminations, il a eu certainement la vision impressionnante de la force et de la grâce de la démocratie française.

C'est qu'en effet la foule qui, durant ces trois jours de fêtes inoubliables, venue de tous les points de la France, a fait cortège au Tsar et à la gracieuse Impératrice, a marqué par sa discipline, sa tenue et son ordre admirables, les qualités profondes de notre peuple. C'était bien l'image de cette France active ordonnée, intelligente et distinguée qui, maîtresse de ses destinées, sait par elle-même donner à une manifestation le caractère juste qu'il est nécessaire qu'elle ait. Et c'est bien ce fait que c'est la foule elle-même qui a arrêté, par sa propre volonté et avec une rare sûreté, ses mouvements et ses directions, qui a surpris et charmé l'Empereur et les hauts personnages de sa suite.

C'est sous l'empire de ce sentiment de satisfaction que remerciant le jeudi ceux qui avaient eu l'honneur de représenter plus particulièrement la population de Paris dans cette circonstance mémorable, Nicolas II disait : « J'ai été reçu comme dans un salon. » C'est aussi ce sentiment qui dominait l'amiral Lomen, commandant des yachts impériaux, quand, au cours d'une conversation, il disait que ce qui l'avait

PROGRAMME

Hymne Russe — par tous les Artistes & les Chœurs.

Marche Héroïque — C. Saint-Saëns
  Sous la direction de M. Mangin.

Deuxième acte de Sigurd
  Opéra de M. C. du Locle & A. Blau. Musique de M. E. Reyer.

  Brunehilde — Mme Rose Caron.
  Sigurd — M. M. Alvarez.
  Prêtre d'Odin — Renaud.
  Gunther — Noté.
  Hagen — Gresse.

— DANSE —

Melle Hirsch.

Mlles Viollat, Vangœthen, Salle, Blanc, Gallay, Invernizzi, Treluyer, H. Régnier,
J. Régnier, Piodi, Torri, Boos, Monchanin, Ixart, de Mérodes, Robin.

Thaïs, Méditation religieuse — Massenet
  Sous la direction de M. Taffanel.

Divertissements de La Korrigane
  Ballet de M. F. Coppée & L. Mérante. Musique de Ch. M. Widor.

Melle Mauri.

Mlles Désiré, Chabot, Viollat, Blanc, Gallay, Treluyer, J. Régnier, Vandoni, Mestais, Rat, Hayet.
M. M. Vasquez, Lailam, Ajas, De Soria, Still, Marius, Régnier, Javon, Hoquante, Vazquez.
  Sous la direction de M. Paul Vidal.

— DANS LA SALLE —

Orchestre des Concerts de l'Opéra.
  Sous la direction de M. Georges Marty.

Marche Solennelle — Gounod
— ENTRACTE —

Air de Ballet de Françoise de Rimini — Ambroise Thomas.
Valse de Gretna Green — E. Guiraud.
Air de Ballet de Xavière — Th. Dubois.
Tarentelle — César Cui.
Valse de E. Onéguine — P. Tschaikowsky.
Cortège de Sylvia — Léo Delibes.

Le Concert dans la Salle des Fêtes de l'Hôtel de Ville

Composition de Hoffbauer.

L'Escalier de l'Hôtel de Ville pendant la visite du Tsar.

le plus frappé, c'était « la discipline de la foule » et qu'il ne concevait pas comment, malgré les difficultés matérielles mêmes qu'elle avait eu à vaincre, elle avait su s'imposer un tel ordre et une si parfaite distinction.

La puissance et la grâce, telles ont été les caractéristiques des fêtes parisiennes.

Et à l'Hôtel de Ville la masse immense de la foule se détachait sur un décor féerique dont les effets, par l'habileté et la science de M. Bouvard, avaient été fort ingénieusement ménagés. D'abord c'était l'avenue Victoria et son illumination originale : très vive par le bas avec les lampes électriques et se prolongeant en haut, par la clarté atténuée des ballons orangés dans les arbres. Puis la place de l'Hôtel-de-Ville avec ses gracieux hémicycles et les chœurs qui, limitant l'horizon, concentrait nécessairement l'attention sur le palais lui-même. Et enfin l'Hôtel de Ville.

L'Hôtel de Ville très habilement rectifié, si je puis ainsi dire et où, par une succession vraiment majestueuse d'escaliers, on accédait sans détours et sans complications, de la place elle-même à la salle des fêtes.

Phot. E. Gaillard
Décoration du Pont d'Arcole.

Il y a eu là une idée très ingénieuse et dont il serait à souhaiter qu'on en gardât mieux que le souvenir.

Quant à l'intérieur du monument, ses richesses naturelles avaient été heureusement mises en relief par une décoration très sobre dont les éléments essentiels étaient la lumière avec les fleurs et le feuillage.

Et c'est dans ce palais de la capitale, au milieu de la foule parisienne, dans l'éclat de cette fête, que le Tsar Nicolas a certainement senti le mieux « battre le cœur de la France. »

A. GERVAIS

LE GALA
DE LA COMÉDIE-FRANÇAISE

Une demi-heure avant l'arrivée des Souverains, on travaillait encore au théâtre. Nous avions donné, depuis quarante-huit heures, un vaillant coup de collier. Les jardiniers achevaient de ranger les arbustes, les tapissiers clouaient dans la loge impériale les dernières draperies et les traînées de gaz couraient déjà sur la façade, éclairant les faisceaux de drapeaux deux fois tricolores. Mais nous étions prêts. Il avait

Esquisse de J. Dubufe.

Plafond du Foyer de la Comédie-Française.

fallu de l'ardeur pour arriver à ce résultat et tous en avaient fait preuve. « Que la salle ait l'air d'un salon et les galeries d'un jardin! » C'était là le programme. Je tenais à donner une sensation d'art particulière, et les décorations des peintres des Fêtes Galantes, Watteau ou Lancret, les gravures du xviiie siècle étaient présentes à mon esprit. Des guirlandes de fleurs, des étoffes claires, partout des lumières. M. Guadet, l'architecte des Bâtiments civils, avait apporté à la réalisation de ce projet une activité sans fracas, un goût sûr, une bonne humeur tranquille, à travers les difficultés du temps très mesuré et du budget qu'il fallait limiter. Et je dois dire que, depuis le jardinier, fier de ses arbustes, jusqu'aux machinistes qui se piquaient d'honneur pour *enlever* rapidement les changements de décor, il y eut là une émulation d'activité comme sur un navire, chez tout l'équipage, un jour de parade.

La salle était claire et la loge agréable. Une couronne dans l'électricité illuminait les cabochons, et que M. Gutperle avait improvisée, retenait des guirlandes de fleurs naturelles qui, retombant des deux côtés de la loge avec les étoffes jaune d'or, s'attachaient au balcon et s'y perdaient dans les ornements dorés. Le plafond de la loge était formé de peintures gaies, de petits panneaux à la Chaplin et, sur le rebord de cette *loggia*, prise sur les fauteuils de balcon, une admirable tenture de satin blanc brodée d'or, pendait avec ses dentelures richement ornées. Et cette tenture, retrouvée au Garde-Meuble, n'était autre — les œuvres d'art ont leurs destins — que le dessus du maître-autel de Notre-Dame de Paris, lors du mariage de Napoléon III.

Sur le devant de la loge, à côté des bouquets à la main, les programmes du spectacle, tirés en lettres d'or sur satin ourlé de plumes d'autruche, s'étalaient à la portée de nos hôtes. Jean Béraud y avait spirituellement dessiné, en face d'un croquis de la Comédie-Française, la vue du Théâtre de Saint-Pétersbourg, où, depuis si longtemps, notre littérature dramatique a trouvé une hospitalité si chère, et ce rapprochement était précisément comme l'*illustration* même des vers que je m'étais, en qualité de maître du logis, chargé d'adresser, en manière de salut et de remerciement, à nos illustres hôtes. Le titre *Compliment*, qui, depuis Molière, est le terme exact, avait été choisi par M. Hanotaux.

Nous n'avions qu'un souci : remplir notre programme rapidement. « Vite, qu'on fasse vite! Le temps, c'est du succès! ». Et le semainier, qui était, ce soir-là, par roulement, M. Coquelin cadet, transmettait les ordres en son costume noir de Trissotin.

La Soirée de Gala à la Comédie-Française

Gravure extraite du « Graphic »

COMÉDIE FRANÇAISE
1680 – 1896

SOIRÉE
du 7 Octobre 1896

COMPLIMENT

Dit par M. MOUNET-SULLY, Doyen de la Comédie-Française
Mmes REICHENBERG, BARRETTA-WORMS et BARTET

MM. Mounet-Sully, Worms, Coquelin Cadet, Prudhon, Silvain, Baillet, Le Bargy, de Féraudy, Boucher, Truffier, Leloir, Albert Lambert fils, Paul Mounet, Georges Berr, Pierre Laugier, Leitner, Raphaël Duflos.

MM. Joliet, Dupont-Vernon, Villain, Clerh, Falconnier, Hamel, Dehelly, Paul Veyret, Charles Esquier, Jacques Fenoux, Louis Delaunay.

Mmes Reichenberg, Barretta, Bartet, Adeline Dudlay, Pierson, Muller, Marie-Louise Marsy, Ludwig, Kalb, du Minil, Brandès.

Mmes Fayolle, Frémaux, Amel, Persoons, Hadamard, Rachel Boyer, Nancy-Martel, Bertiny, Lynnès, Moreno, Lerou, Lainé-Luguet, Lara, Wanda de Boncza.

UN CAPRICE
Comédie en 1 Acte, d'ALFRED DE MUSSET

M. de Chavigny	M. WORMS	Mathilde	Mme BARRETTA-WORMS
François	M. GEORGES BERR	Mme de Léry	Mlle BARTET

LE CID
de PIERRE CORNEILLE (Fragments des deux Premiers Actes)

Don Rodrigue. M. MOUNET-SULLY | Don Diègue. M. SILVAIN | Don Gormas.. M. PAUL MOUNET

LES FEMMES SAVANTES
de MOLIÈRE (3e Acte)

Trissotin.	MMrs COQUELIN CADET	Lépine	MMrs TRUFFIER
Clitandre.	BAILLET	Chrysale	LELOIR
Vadius..	DE FÉRAUDY	Ariste.	DUPONT-VERNON
Henriette.	Mme REICHENBERG	Philaminte	Mme PIERSON
Armande...	Mme MARIE-LOUISE MARSY		
Bélise.....	Mme FAYOLLE		

Programme de la Soirée de la Comédie-Française

Composition de J. Béraud.

Le Tsar, qui, la veille, à l'Opéra, était en costume militaire, vint à la Comédie en habit noir. Dès l'escalier, tendu de tapisseries des Gobelins livrées depuis quelques jours à peine par M. J.-J. Guiffrey et tendues, ce soir là, pour la première fois, je remarquai la figure souriante de l'Empereur. En passant devant le Voltaire de Houdon, au Foyer du Public, il parut charmé de rencontrer là un chef-d'œuvre de sa connaissance, et sur mon indication que la *réplique* de cet admirable Voltaire était en Russie, au palais de l'Ermitage, il regarda le marbre vivant et parut même un peu surpris de l'inutilité d'une indication de quelqu'un qui lui dit en insistant : « C'est de Houdon ! » Il le connaissait ce Voltaire de Houdon depuis son enfance.

A peine les Souverains arrivaient-ils dans leur loge, salués par les acclamations de la salle, que le régisseur donnait le premier signal. Le ministre, M. Rambaud, et M. Roujon, le directeur des Beaux-Arts, me retenaient dans la loge impériale, et la toile se levait sur toute la Compagnie groupée, en des costumes divers et manteaux de cérémonie, étoffe rouge doublée d'hermine, autour des bustes de Corneille, de Molière et de Racine — les dieux lares de la Maison — tandis que le Doyen s'avançait, lisant le salut que la Comédie-Française adressait au Souverain du seul peuple qui ait aujourd'hui un théâtre français.

STANCES DE M. CLARETIE, DITES PAR M. MOUNET-SULLY

I

Il est un beau pays aussi vaste qu'un monde
Où l'horizon lointain semble ne pas finir,
Un pays à l'âme féconde,
Très grand dans le passé, plus grand dans l'avenir.
Blond du blond des épis, blanc du blanc de la neige,
Ses fils, chefs ou soldats, y marchent d'un pied sûr.
Que le sort clément le protège,
Avec ses moissons d'or sur un sol vierge et pur !

II

C'est une terre hospitalière
Qu'aime notre art et qu'il bénit,
Où les serviteurs de Molière
Souvent ont retrouvé leur nid,
Comme au cortège d'une reine,
Quand la volonté souveraine
Donna complaisamment accès,
Aux muses de l'esprit français.
Et d'une indulgente tutelle,

Parmi les théâtres rivaux
Honora la scène immortelle
De Corneille et de Marivaux.
Quel chapitre de notre histoire
Que d'entendre en toutes saisons
Comme un écho de notre gloire!...
Car Molière avait deux maisons!
Si bien qu'au pays de Pouchkine
De l'idéal classique épris,
S'il vivait, le tendre Racine
Se croirait encore à Paris.
C'est là qu'avec leurs interprètes
Le génie ardent et chercheur
De nos plus modernes poètes
Fut accueilli dans sa fraîcheur.
Pétersbourg prit, pour ses soirées,
Nos auteurs avant le succès,
Et ses louanges désirées
Nous les ont rendus plus français.
C'est ainsi que, sous la fourrure,
Un jour le *Caprice* arriva,
Comme une nouvelle parure,
Des bords amis de la Néva.
Et Paris mit sur son épaule
Tout ébloui de le revoir,
Ce joyau revenu du pôle
Qu'il fera rayonner ce soir.

III

Et c'est pourquoi, mêlés aux fêtes solennelles,
Traducteurs passagers des œuvres éternelles,
Pour les poètes morts qui parlent par leurs voix,
Les humbles serviteurs du logis de Molière
S'inclinent tous devant la sereine lumière
Du père d'un grand peuple aux glorieux exploits!
Ici, tout est bonheur; aujourd'hui, tout est joie;
Molière se ranime et sa maison flambloie
Au milieu de Paris qui vibre comme un chœur,
C'est du Nord maintenant que nous vient l'espérance.
Et le respect ému de notre chère France
En hymnes radieux jaillit de notre cœur!

Mmes Reichenberg, Barretta et Bartet s'avançaient alors et disent les vers suivants :

Nous qui sommes de simples femmes,
Unissons nos vœux précurseurs
A tout ce fier concert des âmes,
Au nom des mères et des sœurs.

> Qu'un bonheur fidèle accompagne
> Dans leur impérial séjour
> Notre hôte illustre et sa compagne
> D'un rayon de gloire et d'amour.
>
> Qu'à la sainte et forte Russie,
> Sous le clair rayon du ciel bleu,
> La France à jamais s'associe
> Pour les grandes œuvres de Dieu !

Il ne m'appartenait pas de sortir, dans ces quelques vers, de mon rôle tout spécial de régisseur, si je puis dire. Pourtant — et je suis heureux de l'effet produit — dans ces strophes sans prétention, j'aurais jeté ce vers qui fut souligné par l'assistance et applaudi par Nicolas II :

> C'est du Nord maintenant que nous vient l'espérance !

Lorsque M. Mounet-Sully le dit de sa belle voix sonore, une sorte de frisson, qui s'adressait à la pensée exprimée, au patriotique sous-entendu, plus qu'au vers lui-même, parcourut la salle. M. Roujon me serra la main et j'étais heureux d'avoir exprimé tout haut ce que tant d'autres, j'espère, pensaient tout bas.

Et quand s'acheva cette soirée unique où, dans la galerie des bustes, les sociétaires vinrent saluer les Souverains ; lorsque descendant l'escalier, le Tsar me dit avec une bonne grâce profonde, après avoir parlé de revenir : « J'ai passé une charmante soirée » ; quand, devant la porte tendue de draperies, surmontée d'une marquise, nos hôtes de la Comédie disparurent dans le fracas des acclamations, le bruit de la foule, l'éclat des lumières ; quand la voiture emportant les Souverains et le Président de la République passèrent devant les troupes présentant les armes, lorsque s'effaça la vision des cavaliers sabre au clair, des casques étincelants, des escadrons partant au galop, — puis, le lendemain, quand, en arrivant au théâtre, j'aperçus la loge à demi défaite, les tapis et les tentures enlevés, les fleurs de la Ville de Paris remisées dans les couloirs avec les palmiers et les arbustes, il me sembla que c'était un rêve de grâce et de lumière envolé. La vie de tous les jours reprenait avec ses nécessités impérieuses, ses devoirs, ses tracas, ses labeurs… Place au théâtre !… La féerie était terminée.

Et je me répète souvent le vers entendu ce soir-là :

> C'est du Nord maintenant que nous vient l'espérance !

Et l'espoir, j'en suis sûr, ne sera point déçu.

JULES CLARETIE
de l'Académie française.

VISITE AV MVSEE DV LOVVRE

Ce matin-là, j'arrivais de province. Depuis deux jours, arborés aux fenêtres des plus humbles mairies de village, des drapeaux russes et des drapeaux français mêlaient leurs couleurs pareilles, mais disposées en sens différent, comme si, par avance, le destin eût créé un double symbole accusant la fraternité de deux grands peuples et, tout ensemble, les distinguant. D'autres drapeaux semblables, unis semblablement, flottaient sur les places publiques, au-dessus de mâts décoratifs, pavoisaient les maisons enguirlandées, se déployaient au vent à la cime des clochers qui chantent, s'accrochaient aux arbres des avenues, surmontaient les châteaux, ornaient jusqu'aux voitures roulant par les chemins. Partout, à notre *Marseillaise* l'hymne russe faisait écho. Les deux voix de l'Europe occidentale et de l'Europe orientale s'accordaient magnifiquement, l'une apaisant sa violence, l'autre accentuant sa sérénité religieuse. En maint endroit des banderoles aux naïves inscriptions précisaient le sens de ces journées. Elles disaient : *Vive la Russie!* et *Vive la France! Honneur au Tsar!* et *Paix et travail!* Le soir, comme par enchantement, scintillaient des lampions, chatoyaient des lanternes vénitiennes. Aux sons de musiques agrestes, on dansait la moitié de la nuit. J'avais vu — c'est à la lettre — des fermes illuminées, non merveilleusement, certes, mais d'une ingénuité touchante. On respirait, de canton en canton, la profonde joie populaire — la forte et tranquille joie, haute et saine, spontanée et raisonnée, jaillie de la conscience du rang national laborieusement reconquis et de la confiance d'un puissant ami, nous apportant le solennel témoignage de son estime et de son espoir. En nos expansions ne se dissimulait nulle arrière-pensée. La haine de personne n'était le ferment de notre amitié reconnaissante. Nous ne nous précipitions pas au-devant d'un chef de guerre, nous couvrant de son épée, car nous ne sommes point des faibles. Le passé nous demeure présent, mais, tandis que nous travaillons et que l'avenir s'élabore, notre cœur se donne à qui l'a gagné.

Quand je songe à ma rentrée à Paris, sous le clair soleil, par cette matinée d'allégresse — la troisième du séjour du Tsar — l'éblouissement me ressaisit. Une végétation de splendeur avait poussé de toutes parts et le réel apparaissait comme transfiguré dans un rêve. Notre-Dame, l'Hôtel de Ville, le Palais de Justice, le Louvre, les quais, les ponts, les rues, les places, les carrefours s'animaient d'une vie féerique, au frémissement des milliers de drapeaux fraternels. Ici, sur l'emblématique vaisseau des armoiries de la cité se posait l'aigle russe, éployant ses ailes noires. Là, près des faisceaux consulaires de la République, étincelait le blason des Empereurs de Russie. Ce n'était, à perte de vue, que pylônes dorés, mâts fleuris de guirlandes, arcs de triomphe de verdure, tentures de couleur, cartouches aux tons vifs, légers portiques disposés pour de magiques illuminations. La gaîté riait en toute chose. Il semblait qu'un miracle eût aboli jusqu'aux secrètes misères, tant le bonheur visible avait d'essor. Celui qui revenait de province, ayant, depuis deux jours, constamment trouvé sur ses pas la belle floraison de la joie française, se sentait, vraiment, au cœur de cette joie. Mais, à Paris par surcroît, l'art était de la fête. L'âme d'un peuple artiste se dégageait du décor improvisé. Et c'était une âme rayonnante et charmante.

Aux abords du Louvre, la foule s'amassait. Un peintre célèbre m'arrêta au passage : « Vous revenez à point nommé. Tout est beau, tout est superbe. Le Tsar et la Tsarine, avec le Président de la République, doivent, à onze heures, faire acte d'apparition dans notre grand musée et prendre contact des artistes. Il fallait cet épisode à leur voyage impérial : l'hommage à l'Art dans le sanctuaire que lui consacre la France. L'art, c'est l'immortel. Vous êtes certainement convié. Hâtez-vous donc. Quand il s'agit d'honorer, en de telles conditions, ce qui règne toujours, le génie des maîtres, aucune excuse ne peut valoir... »

Une heure après, j'étais au rendez-vous. Dans la longue galerie voisine du pavillon Denon, l'administration avait réuni les conservateurs de nos collections nationales, le Conseil supérieur des Beaux-Arts, la Commission des monuments historiques, le Conseil des bâtiments civils, les comités des deux Salons... que sais-je? C'était une assemblée recueillie et, somme toute, assez restreinte, sans apparat officiel, sans uniformes ni chamarres. Près de la porte, comme les maîtres de la maison, attendant les hôtes couronnés pour leur faire accueil, se tenaient M. Alfred Rambaud, le ministre de l'Instruction publique, M. Henry Roujon, le directeur des Beaux-Arts, et M. Kæmpfen, le directeur du Louvre. Par les fenêtres, nous apercevions, dans la nappe de lumière de la place du Carrousel, une grouillante multitude, dominée de quelques hautes silhouettes de cavaliers de la garde de Paris, dont le casque reluisait. A l'intérieur du musée, rien de changé, sauf une rouge draperie à crépines d'or réchauffant les murs un peu froids de l'escalier monumental. Là-haut, attirant les regards, à l'avant de son navire de marbre, se dressait la sublime *Victoire de Samothrace*, prodigieusement vivante et glorieuse. Nous avions beau l'avoir cent fois admirée, elle s'imposait, d'une beauté si émouvante, que nous pensions tous ne l'avoir jamais vue. Sans tête et sans bras, et, pourtant, si entière, elle surgissait, elle bondissait, en son libre et fier mouvement, comme l'image éternelle du génie sauveur, de l'indéfectible vaillance, survivant à tout, affirmant ses énergies à travers les siècles, par delà les destructions. L'héroïque symbole, chez nous, en un tel jour, éclatait d'éloquence.

....Des acclamations, au dehors, se sont brusquement élevées. Entre deux chevauchées de cuirassiers a paru la voiture impériale. M. le Président Félix Faure offre son bras à la Tsarine, en toilette claire, fraîche et gracieuse à ravir. Le Tsar, auprès d'eux, s'avance, vêtu du sobre uniforme de colonel d'un de ses régiments. Rangés en double haie, les gardiens du Louvre font, rigidement, le salut militaire. Une minute suffit aux paroles de bienvenue du Ministre et à la présentation des assistants. Immédiatement, le cortège s'ébranle. En tête, à respectueuse distance, marchent deux fonctionnaires du Protocole, tout cousus d'or, d'un pas processionnel. Viennent, ensuite, les augustes visiteurs, suivis du personnel officiel, ministres, directeurs, diplomates, généraux, amiraux, dames d'honneur, Russes et Français confondus, et de tous les invités. La visite ayant, en quelque sorte, un caractère intime, les lignes de démarcation ne sont pas rigoureuses. Il arrive aux divers groupes de se mêler. L'Impératrice, au bras du Président de la République, marque une délicieuse vivacité, un souriant désir de voir le plus possible. Simple à sa coutume, l'Empereur regarde autour de lui de ses yeux calmes, bienveillants, sérieux et rêveurs. Parmi les assistants, il reconnaît, tout d'un coup, le peintre François Flameng, appelé naguère à Pétersbourg pour y peindre des portraits en la parenté impériale : il se détourne et vient à lui, la main tendue. Un peu plus loin, la présence de Mme Rosa Bonheur sera signalée aux Souverains qui auront à cœur de faire approcher l'artiste octogénaire et de l'entretenir de ses œuvres. Telle est, telle demeure jusqu'au bout, vis à vis des représentants de l'art, leur allure de cordial abandon.

Première station devant la *Victoire de Samothrace*. S. M. Nicolas II a, par deux fois, visité l'Hellade et sa solide instruction lui fait pleinement goûter l'art grec. Ce monument exceptionnel le frappe à tel point que, tout à l'heure, auprès de la *Vénus de Milo*, il s'écriera : « *La Victoire de Samothrace et cette Vénus sont les deux merveilles de l'antiquité, au Louvre.* » Nous débouchons, au premier étage, dans la rotonde servant de vestibule à la galerie d'Apollon. La lumière inonde, en sa perspective, l'immense et fastueuse salle, ruisselante d'or, étoffée de peintures, où le plafond central d'Eugène Delacroix jette des éclairs. Un coup d'œil aux vitrines, emplies d'objets précieux, aux diamants de la couronne, à un meuble somptueux du xviiie siècle, et l'on passe. Nous voici au salon carré, théâtre du mariage civil de Napoléon et de Marie-Louise. Aux murailles resplendissent des pages choisies de toutes les écoles anciennes. Jean Foucquet, Clouet, Van Eyck, Léonard de Vinci, Rembrandt, Corrège, Holbein, Murillo, Van Dyck, Raphaël, Véronèse, et vingt autres, ont là de rayonnantes affirmations. Quel regret de n'être point de loisir au milieu de pareils trésors ! Maintenant, c'est l'interminable galerie du bord de l'eau que nous parcourons à la suite du Tsar et de la Tsarine. L'Italie s'y enorgueillit devant nous de ses plastiques abondances ; l'Espagne nous y dévoile ses saines rudesses et son mysticisme ardent ; la Flandre de Rubens y sème à pleines mains les roses de la palette décorative; la Hollande s'y concentre en sa familière intimité. L'Empereur a fêté, en passant, me dit-on, une *Infante* de Velasquez, d'un enchantement de gris et de rose. Je l'ai vu, quant à moi, se pencher vers les *Disciples d'Emmaüs* de Rembrandt et l'ai entendu dire avec justesse au peintre Bonnat : « *Rembrandt n'a rien de plus beau nulle part* ».

Point de halte appréciable à la salle des portraits d'artistes. Le temps fait défaut. Dans les salles de l'école française, les Le Nain, les Chardin, les Watteau, les Nattier, les Tocqué, les David, les Ingres, les Delacroix, les Corot, les Daubigny racontent nos manières de sentir et de voir. Les *Glaneuses* de Millet, entre ces manifestations si variées, retiennent un moment l'attentif regard du prince. L'école de France, à le bien prendre, a d'essentielles originalités qui lui font, de plus en plus, dans les collections étrangères, une large place mal dissimulée. Mais ceci n'est pas écrit pour le grand musée de l'Hermitage de Saint-Pétersbourg, où les ouvrages de nos vieux peintres ont toujours été franchement en honneur. Au bout d'un quart d'heure, le cortège s'engage dans la petite galerie des Primitifs italiens. La Vierge aux anges, attribuée à Cimabué, rappelle à S. M. Nicolas II les sacramentelles images de l'art russe — c'est-à-dire les traditions des maîtres byzantins. Pour l'Impératrice, à rencontrer des Fra Angelico, des Mantegna, des Botticelli, des fleurs choisies du quattrocento, elle semble tout heureuse.

....Déjà les douze coups de midi ont sonné. Les Souverains russes sont attendus, de bonne heure, à Versailles, mais on croit s'apercevoir qu'ils se retirent du Louvre à grand regret. Avant de partir, ils veulent voir, au moins, au rez-de-chaussée, la Vénus de Milo et quelques morceaux grecs. Impossible, au surplus, de s'attarder davantage. D'autres devoirs réclament Leurs Majestés. A M. Kaempfen, remerciant le Tsar d'avoir bravé la fatigue, avec l'Impératrice, pour s'associer au culte d'art des Français, il répond vivement : « La fatigue ne compte guère quand on est accueilli comme nous le sommes. Je sors d'ici avec le désir et l'espoir d'y revenir ». Sur ces mots, une fanfare annonce le départ; une acclamation éveille, dans la cour intérieure, les échos d'histoire du palais. Et c'est fini; l'escorte se met en marche; la voiture impériale regagne l'Ambassade de Russie.

Combien de temps a duré la visite des Musées? — Un peu plus de cinq quarts d'heures. Nos illustres Amis n'ont point parcouru le tiers des salles; ils n'ont pu qu'entrevoir celles mêmes qu'ils ont traversées, comme ils n'ont pu qu'entrevoir Paris avec son peuple, ses artistes et ses penseurs, et que deviner la province. Eh! qu'importe, après tout, puisque le premier contact de la France leur a montré profondément l'état d'âme d'une nation de droiture, infatigable au labeur, riche de sa production sans arrêt, forte de volonté et de ressources, sage à profiter des leçons mêmes de ses revers, brillante parce qu'en elle est le vrai foyer créateur des arts modernes, dévouée aux causes justes au prix de son or et de son sang, mais désintéressée des conquêtes d'orgueil, digne et pacifique, patiente et loyale, ne se donnant jamais en vain. Des actes d'apparition, de la part d'un homme du caractère de Nicolas II, sont des actes de consécration, enregistrés devant l'avenir. Ses nobles paroles publiques nous en sont la preuve consciente, délibérée, décisive. Considérons, d'ailleurs, en l'ensemble de ses incidents, le séjour du Tsar en notre pays. Les faits, en signification, y dépassent les discours les plus nets. Par sa seule attitude, confirmée par ses constantes déclarations, l'Empereur nous a dit : « Quand tout le monde vous méconnaissait, nous ne vous avons pas méconnus. France et Russie, prédestinées, s'envisagent et se comprennent. Les armes aiguisées en nos mains sont celles de la défense du droit, de la protection de la paix, et non de l'agression. La branche d'olivier s'ajoute à la branche de laurier à la hampe de nos bannières. Votre laborieuse Démocratie et notre Autocratie généreuse, expressions de sociabilités et de nécessités différentes, aspirent également au progrès humain. Si leurs principes ne peuvent s'unir, l'accord est naturel entre leurs puissances d'action pour la sécurité du développement des peuples. Seules, peut-être, en vertu des conditions originelles et du cercle où elles évoluent, elles ont en elles l'intégrité de ce qui dure. Qu'elles soient donc, aux deux extrémités de notre vieille Europe ébranlée, incessamment tourmentée de la crainte des cataclysmes, les deux rochers dominant la mer, les deux phares élevés au-dessus des orages, envoyant au lointain les mêmes signaux sauveurs. Soyons, en un mot, en notre union affectueuse, les deux grandes nations de la paix, afin que partout la conscience se rassure, que le travail fructifie, que les arts florissent et que les hommes soient heureux avec fierté ». Et c'est là un langage si majestueux, si fécond et si sacré, que jamais l'histoire n'entendit, dans l'ordre politique, une supérieure profession de foi.

L. DE FOURCAUD

L'entrée de la Manufacture de Sèvres.

VISITE A LA MANUFACTURE DE SÈVRES

En Russie, au moins autant qu'en Angleterre, le prestige de la Manufacture de Sèvres s'est conservé aussi grand et aussi vif qu'au siècle dernier, alors que Catherine II commandait ce fameux service marqué à son chiffre qui donna lieu à un échange de notes diplomatiques aussi importantes que s'il se fût agi du règlement d'une grave question de politique internationale, ou que le Tzarewitch Paul et la princesse, sa femme, rapportaient de la visite qu'ils firent à Sèvres le 15 juin 1782, de si splendides présents, entre autres l'admirable *toilette* dont le miroir était soutenu par les Grâces et les Amours, et qui, décorée par Cotteau, de Genève, d'émaux sur paillons d'or, était un véritable chef-d'œuvre

Les Souverains se rendant à Versailles.

Phot. G. Worth

d'exécution, de bon goût et de richesse que les « Mémoires » du temps décrivent avec enthousiasme; visite dans laquelle ils achetèrent, en outre, pour trois cent mille livres de ces merveilleuses porcelaines tendres que les caprices de la mode ont exilées à jamais, et dont la France qui les a créées ne possède plus aujourd'hui que de rares spécimens, généralement inconnus du public, ou des pièces d'un ordre inférieur comme celles de la collection Thiers, au Louvre. Aussi n'y a-t-il rien d'étonnant à ce que l'Empereur, qui s'intéresse tout particulièrement aux travaux et aux progrès de sa Manufacture de Saint-Pétersbourg, et qui, à chacun de ses voyages à Copenhague, n'a jamais manqué de se rendre à la Manufacture royale, ait fait ajouter au programme qui lui était soumis, une visite à la Manufacture de Sèvres.

D'après ce qui avait été primitivement réglé, cette visite devait être de vingt-cinq minutes à peine : elle a duré une heure.

Il était plus de deux heures et demie quand les Souverains russes, M. le Président de la République et les personnages de leur suite, sont arrivés à la Manufacture dont la porte d'entrée avait été décorée par les soins de M. Paul Sédille, l'habile architecte, d'une marquise en peluche

Catherine II.
Statuette en biscuit de Sèvres.

pourpre galonnée d'or, encadrant de chaque côté les cartons des deux beaux panneaux de M. Luc-Olivier Merson, la *Céramique* et la *Tapisserie*, exécutés aux Gobelins pour l'Exposition de 1889, et surmontée d'un léger velum à larges bandes jaunes et blanches. Au bas du perron, de magnifiques plantes vertes avaient été placées dans deux grands vases de Dalou, *Ronde d'enfants*, et des écussons, des oriflammes et des drapeaux complétaient cette décoration d'un goût irréprochable.

Au bas des marches, M. le Ministre de l'Instruction Publique et des Beaux-Arts, M. le Directeur des Beaux-Arts et M. l'Administrateur reçoivent les augustes visiteurs et les conduisent dans le vestibule, où M. Roujon leur présente les fonctionnaires de la Manufacture. Puis l'on entre dans la première salle du magasin au fond de laquelle se trouve une riche jardinière de Carrier-Belleuse remplie de superbes orchidées.

Là, M. le Ministre, au nom de l'État, offre à l'Empereur un *vase de Nîmes* de 1 m 45 de hauteur, décoré au grand feu, par M. Bieuville, de fleurs et d'oiseaux sur fond d'arabesques, une potiche rouge-flambé, d'une dimension supérieure à tout ce qui avait été fait jusqu'ici en ce genre, une bonbonnière et un petit vase à couvertes cristallisées, premiers spécimens de ce genre de couvertes que la Manufacture de Copenhague, à l'étranger, et M. Bigot, en France, ont appliqués depuis quelques années, mais dont la découverte est due aux recherches faites en 1885 dans les laboratoires de Sèvres par MM. Lauth et Dutailly, ainsi que le montre, entre autres pièces, une tasse, dite *à la Reine*, placée dans la vitrine des essais au Musée céramique.

Catherine II.
Buste en biscuit de Sèvres, par Boizot.

Dans les autres salles ont été exposés une réduction en plâtre polychromé du pavillon destiné à l'exposition des produits de la Manufacture en 1900 et qui doit être exécuté en grès, et le modèle de l'une des pièces d'un important *surtout de table* commandé à M. Frémiet et représentant la Minerve Athénienne debout sur un char traîné par trois chevaux aux têtes couronnées de lauriers.

Puis on monte le grand escalier du Musée, richement orné de tentures et de plantes au milieu desquelles se détache la belle statue en bronze de M. Guillaume, la *Céramique*. La coupole, si triste et si désolée jusqu'à présent, avait été couverte en quelques jours d'une décoration sobre, mais d'un aspect des plus harmonieux, composée d'après les dessins de M. Paul Sédille, de grandes palmes d'or alternant avec des fleurons à tiges de lauriers verts sur lesquels se détachent des cartouches où sont inscrits les noms les plus illustres de l'histoire de la céramique depuis Corœbus, d'Athènes, jusqu'à Brongniart qui sut faire si grande et si célèbre la Manufacture qu'il administra pendant quarante-sept ans.

Le Tsarewitch Paul Petrowitch.
Buste en biscuit de Sèvres, par Boizot.

Le peu de temps qui, dans le principe, avait été réservé à Sèvres, avait fait rayer du programme de la visite du Musée tout un côté, celui des poteries antiques, des poteries vernis-

Phot. Alb. Hautecœur.

La voiture des Souverains traversant le Parc de Saint-Cloud.

sées, des œuvres de Palissy et des faïences persanes, hispano-mauresques et italiennes. Aussi les augustes visiteurs n'ont-ils pu se rendre compte de l'importance de ces collections si complètes, qui, grâce à de nombreux dons, s'enrichissent chaque jour et où tout ce qui touche à l'art de la terre se trouve représenté, depuis le vase le plus grossier des époques préhistoriques jusqu'aux merveilles les plus délicates sorties des fours de Meissen et de Sèvres ou venues de l'Extrême-Orient. C'est le côté gauche seulement, celui des faïences françaises et des porcelaines que LL. MM., accompagnées par M. Roujon, par l'Administrateur et le Conservateur du Musée, ont parcouru, s'arrêtant plus particulièrement aux porcelaines françaises et surtout aux porcelaines tendres de Sèvres dont l'Empereur demanda qu'on lui ouvrît les vitrines.

Sur l'invitation que lui fit M. Roujon de montrer au Souverain les pièces les plus intéressantes renfermées dans la principale vitrine d'ancien Sèvres, le Conservateur fit remarquer à S. M. une sorte de jatte dans le fond de laquelle est peinte une vue du château de Vincennes « berceau de la Manufacture ».

— Comment, Monsieur, dit l'Empereur, je ne comprends pas bien : berceau de la Manufacture? La Manufacture n'est donc pas née à Sèvres?

— Non, Majesté, elle a été établie, elle est née au château de Vincennes vers 1740, et c'est en 1756 seulement qu'elle a été transférée à Sèvres.

— Ah! je l'ignorais.

Et, prenant en mains la pièce, l'Empereur la retourna et montrant la marque :

— Voici le chiffre de Louis XV, dit-il.

Puis il examina successivement, avec un intérêt marqué, plusieurs porcelaines datant des commencements mêmes de la Manufacture, une petite tasse échantillonnée de petits paysages de diverses couleurs, les premières porcelaines copiées de la Saxe, qui elle-même avait copié la Chine et le Japon, les fleurs, si délicatement modelées et si fraîchement peintes, qui contribuèrent puissamment à la renommée de la Manufacture naissante et que Louis XV affectionnait tellement qu'il en avait toujours des bouquets sur lesquels il versait lui-même des parfums, etc., etc.

Continuant leur visite, les Souverains ont ensuite admiré les émaux, genre limousin, exécutés autrefois par Gobert dans un atelier qu'une interprétation trop étroite du rôle de la Manufacture avait fait supprimer en 1874, véritables chefs-d'œuvre que le Musée est fier de posséder; puis les copies d'après des tableaux de maîtres, peintes sur de grandes plaques de porcelaine qu'il serait presque impossible de refaire actuellement, copies qui ont tant aidé, il y a un demi-siècle, à la gloire de la Manufacture et qu'on lui reproche injustement aujourd'hui; le seau de la laiterie de Trianon, d'une fabrication si parfaite et, enfin, la précieuse série des terres cuites originales, modelées avec une habileté prodigieuse par Le Riche d'après les dessins que fournissaient à la Manufacture royale, Boucher, Vanloo et tant d'autres artistes en renom, et d'après lesquels étaient

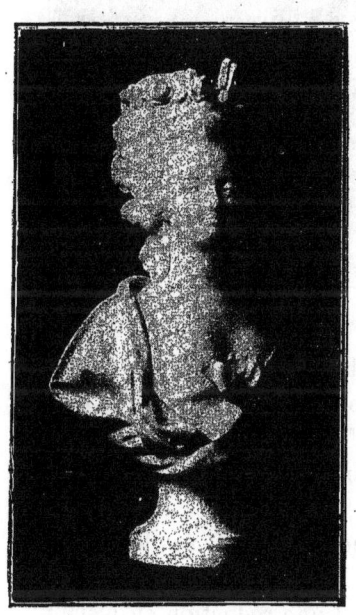

Maria Féodorowna (née de Wurtemberg).
Buste en biscuit de Sèvres, par Boizot.

exécutés ces délicieux biscuits si fort à la mode dans la dernière moitié du siècle dernier.

Avant de quitter le Musée, l'Administrateur fait remarquer au Tsar un vase de la Manufacture de Saint-Pétersbourg, dont l'Empereur Nicolas Ier fit don au Musée en 1839; il lui montre également un beau vase peint en 1809 par Bérenger, représentant en une large frise circulaire l'*Arrivée à Paris des œuvres d'art rapportées en France après la campagne d'Italie* et dit à S. M. comment ce vase, pris en 1815 par les Prussiens qui occupaient Sèvres, fut sauvé de la destruction par l'Empereur Alexandre Ier et rendu par lui à la Manufacture.

En passant dans le grand salon devant une vitrine où sont exposées plusieurs pièces

Vase en porcelaine de Sèvres.

d'une délicatesse extrême, le Directeur des Beaux-Arts attire l'attention des Souverains sur deux admirables coupes en émail translucide cloisonné d'or, et leur présente l'auteur, M. Fernand Thesmar, le maître émailleur qui a su ravir aux gemmes les plus précieuses leur richesse, leur éclat et leurs éclatantes vibrations.

Puis on arrive devant la table sur laquelle sont placées les porcelaines offertes par la Manufacture à ses augustes visiteurs et aux personnages de leur entourage. C'est d'abord une réduction en biscuit, d'un beau ton chaud et délicat, de la statue de Catherine II, par M. Deloye, un coffret à bijoux, finement ciselé à jour, portant le chiffre de la Tsarine et décoré d'oiseaux et de fleurs par M. Emile Belet, un charmant coffret Louis XVI, fond crème à reliefs rehaussés d'or, destiné à la Grande-Duchesse Olga dont il porte également le chiffre, puis

Coffret à bijoux en porcelaine de Sèvres.
Peinture de M. Emile Belet.

les bustes de Catherine II, du Tsarewitch Paul et de sa charmante épouse, Maria-Feodorowna, née princesse Dorothée de Wurtemberg-Montbéliard, exécutés par Boizot lors du voyage de 1782, celui d'Alexandre Ier par Brachard, et des réductions en biscuit de la belle médaille de M. Chaplain, représentant les profils de LL. MM. et de celle d'un si beau style : France et Russie, etc.

M. Roujon offre ensuite, au nom de M. Henry Cros qu'il présente, un masque de femme en pâte de verre d'un grand caractère et d'une réussite admirable. L'Empereur remercie et complimente l'artiste, auquel il demande quelques renseignements sur la technique de cet art, oublié depuis près de deux mille ans, et qu'il a su faire revivre d'une façon si magistrale.

Au centre de la galerie vitrée où l'on descend ensuite et que l'on suit pour se rendre au bâtiment des fours, ont été installés, à droite, un tour sur lequel le doyen des tourneurs de la Manufacture, M. Bernardin, donne à la masse de pâte qu'il travaille avec une dextérité sans pareille, les formes les plus variées, et, à gauche, une table où trois ouvriers moulent et émaillent des médailles et des tasses, et l'on arrive enfin à un four fermé de la veille et dont l'Empereur et l'Impératrice allument chacun un alandier à l'aide de torches enrubannées aux couleurs des deux nations. Puis les Souverains, gracieux, souriants et visiblement intéressés par cette visite, sont reconduits à leur voiture et partent salués par les acclamations et les vivats de tout le personnel artistique et ouvrier de la Manufacture, massé sur les pelouses, de chaque côté de la statue de Bernard Palissy.

ÉDOUARD GARNIER

Départ pour Versailles. La foule à la gare Saint-Lazare.

VERSAILLES

Sous le mélancolique ciel d'automne, Versailles a repris aujourd'hui son deuil éternel. Les grandes avenues foulées un jour par une multitude enthousiaste et bruyante, ont déjà reverdi silencieusement sous l'action continue de la pluie. La grande cour désolée est de nouveau déserte; l'immense silhouette des longs toits d'ardoise se défile morne et triste sur le ciel gris. Tous les souvenirs qui dormaient depuis des années et des années, souvenirs de gloire, de pompes, d'amours, d'intrigues et de galanterie, réveillés brusquement pendant quelques heures, se sont tapis de nouveau dans leur sommeil muet aux angles des boiseries dorées, sous les voussures éteintes des plafonds.

Mais aussi quel réveil inattendu a ramené pour un jour le bruit et la vie dans la solitude sonore des vastes galeries abandonnées!

Versailles. La rue Saint-Pierre.

Les vieux portraits des anciens hôtes défunts suivent de l'œil avec étonnement, du haut de leurs trumeaux chantournés, le va-et-vient des équipes actives des tapissiers, des doreurs, des lustriers, des jardiniers, des maîtres d'hôtel, des cuisiniers, de tout ce monde d'ouvriers qui s'agitent, se pressent, opérant comme dans une transformation de féerie, le rajeunissement soudain du vieux château enchanté. Ses splendeurs évanouies renaissent sous une profusion de guirlandes fleuries qui montent le long des lustres de cristal, grimpent sur la brèche rose des cheminées, contournent les encadrements des glaces, — une véritable invasion de fleurs! De somptueuses tapisseries qui content les fastes d'autrefois, de riches tentures de velours aux passementeries d'or, d'épais tapis des plus célèbres manufactures qui rivalisaient jadis avec celles d'Orient, amortissent les bruits et les cris de cette foule agitée,

Phot. Barbichon.

Versailles. L'avenue de Paris.

assourdissent les vieux échos qui répondaient seuls, comme l'âme des jours défunts, aux pas des visiteurs recueillis.

Versailles, tout ce Versailles qui avait porté en lui un siècle et demi de splendeurs et de gloire, ce Versailles qui avait vu, à travers quatre règnes, l'apogée et la décadence de la monarchie, où étaient venus s'humilier des rois puissants et de puissantes Républiques, qui avait reçu les hommages de tant d'hôtes princiers et d'ambassadeurs, cet Olympe consacré aux divinités de la Fable et qu'habitaient des dieux terrestres non moins despotiques, inconséquents et capricieux, ce Versailles, envié et imité partout jusque dans les palais de l'extrême Orient, a été tiré de son sommeil léthargique et rejeté un instant dans le tourbillon de ses enchantements d'autrefois par les fils de ceux mêmes qui prêtèrent serment à deux pas du château, de ceux qui franchirent ses grilles, au 6 octobre, pour réclamer du pain et prirent en échange la tête de ses derniers hôtes.

Ce n'est pas, en effet, ce qu'il y avait de moins piquant et de moins inattendu dans cet imposant spectacle offert au Souverain absolu d'une nation amie, que celui de ces deux siècles de gloire et de splen-

Plaquette exécutée par M. O. Roty
en l'honneur de la visite du Tsar et de la Tsarine à Versailles.

deurs monarchiques que lui présentait une démocratie, — dont il respectait, de son côté, les institutions avec tant de tact et de courtoisie — lui montrant ainsi son large esprit de tolérance en témoignant que, sans rien abjurer de ses principes, sans rien abandonner de son idéal de progrès continus, elle savait conserver pieusement le souvenir des grandeurs passées de la nation, quels qu'aient été les guides qui aient alors dirigé ses destinées.

Les derniers coups de marteau sont donnés, les dernières fleurs disposées, le dernier coup de baguette qui redonne le souffle et l'âme au vieux château. Voici le moment solennel! On aperçoit au fond de l'avenue les premiers éclaireurs qui débouchent à fond de train.

Parti à 3 heures et demie de Sèvres, le cortège impérial traverse au galop le parc de Saint-Cloud où se tient la municipalité, monte la rampe d'où se déroule à ses yeux le merveilleux panorama de la Seine entre les coteaux roussis de Meudon et la rive de Boulogne noire de monde, sous cette exquise lumière automnale qui semble un retour tardif de printemps. A Ville-d'Avray, la route présente le spectacle agreste le plus charmant et le plus imprévu. Ce sont de riches villas coquettement parées, des terrasses fleuries, drapées et pavoisées où sont réunies de jolies jeunes femmes enrubannées aux couleurs des deux nations, des estrades où est groupée gravement la municipalité, entourée de pompiers à droite, et à gauche de la fanfare du pays qui gémit l'*Hymne russe* et rugit la *Marseillaise*. Des pelotons de cavaliers et des postes de fantassins rendent les honneurs de distance en distance. Puis le long des talus boisés, des bicyclistes des deux sexes en culottes

courtes qui se prépareront à former une escorte d'honneur d'un nouveau genre, des photographes d'occasion anxieux, qui attendent la seconde solennelle, tout un monde de plus en plus grouillant, enthousiaste et gai, mais sans bousculade ni turbulence, qui calme son impatience par de joyeuses plaisanteries.

On descend au galop l'avenue de Picardie où la population devient de plus en plus dense, puis l'avenue de Saint-Cloud, la rue Saint-Pierre ingénieusement et gracieusement décorée dans le goût russe avec des arcs de triomphe de feuillage formant une charmante voûte fleurie. Le soir commence à tomber, un soir d'automne, clair, rose, tiède encore et plein de frissons exquis. Au bout de l'avenue, entre la haie sombre aux crêtes vives des sapeurs du génie, les pylônes reluisants de bronze et d'acier, formés d'armes, de fascines et de cuirasses, se découpe sur le ciel lumineux la vaste silhouette du château.

Quatre heures et demie! Le canon tonne, des clameurs montent dans le bruit strident des trompettes et les accents sonores des musiques. Le cortège arrive au galop, les grilles dorées s'ouvrent et les éclaireurs pénètrent dans la cour, suivis d'un peloton de chasseurs avec une allure joyeuse de carrousel. L'étendard du régiment précède la calèche impériale, attelée en poste, à la Daumont, devant laquelle galope le piqueur Montjarret, un bicorne à plumes vertes sur la tête, l'habit à la française barré de galons d'or, le couteau de chasse au côté. On hisse sur le faîte le pavillon impérial et le cortège entre dans la cour d'honneur en longeant la rampe de droite, tandis que les musiques entonnent l'hymne russe et que l'escorte militaire forme le cercle en présentant le sabre.

Le jour a baissé. On a modifié le programme et l'on commence par la visite des jardins. Le cortège y pénètre, à travers le passage de la Chapelle, au milieu d'ovations de bienvenue et de clameurs enthousiastes. Conduites devant le parterre d'eau, le long des ifs découpés et des charmilles taillées, les calèches impériales passent devant le Bassin de Latone, où les grenouilles font jaillir sur la déesse leurs jets entrecroisés ; elles suivent le *tapis vert* jusqu'au bassin d'Apollon, dont les chevaux se cabrent à l'entrée du grand canal, dans un jour crépusculaire d'apothéose, sous les rayons roses du soleil qui semble s'embourber avec le char qui le symbolise. Il remonte par des allées transversales, jusqu'au Bassin de Neptune dont les jeux ne sont ordonnés qu'à l'arrivée de la daumont de l'Empereur devant le motif central.

C'est là, pour tous ceux qui ont pu le voir, un inoubliable spectacle.

DINER
du 8 Octobre 1896

Crème de Chayottes et Tortue claire
Melons d'Algérie frappés
Filets de Barbue à la Dieppoise
Cuissot de Chevreuil aux Tomates
Timbales d'Huitres de Cancale
Canetons de Rouen glacés
Sorbets au Vin de Samos
Marquise au Noyau
———
Jeunes Dindonneaux rôtis aux Truffes
Croustades de Bécasses
Salade Paysanne
Pointes d'Asperges à la Crème
Glaces Gismonda
Ananas de Versailles au sucre
Desserts

Menu du Diner de Versailles

[hot. Barbichon.

Vestibule de la Galerie des Batailles.

Dans ce décor magnifique d'arbres séculaires empourprés par le soir, au milieu de tout ce peuple de divinités qui semble revivre dans la pénombre: Neptune et Amphitrite assis côte à côte, entourés de naïades, de tritons et de monstres marins, l'Océan étendu sur un monstre, Protée assis sur une licorne, dragons conduits par des amours, au milieu d'énormes poissons et de roseaux, le jeu spontané de toutes ces eaux qui jaillissent des vases de plomb ornés de lézards et d'écrevisses, des rochers, des vasques, des gueules, des conques et des mascarons, s'entrecroisant, jaillissant, débordant de vasque en vasque, de bassin en bassin, cinglant l'air, éclaboussant les nudités de ces mythologies élégantes, avec un bruissement vif et continu, un fracas sonore et frais. Derrière le groupe de Neptune, c'est le *Dragon* qui lance sa haute gerbe, puis cette exquise *Allée d'eau*, peuplée de chaque côté par les *Marmousets*, comme les a désignés l'appellation populaire, jeunes tritons, amours et satyreaux de bronze qui portent des cuvettes de marbre d'où les eaux retombent sur leurs têtes; au fond, la délicieuse cascade où les *Nymphes au bain* de Girardon transpa-

La Galerie des Batailles. Salon de réception.

raissent dans une vie mystérieuse à travers le rideau humide ; puis, couronnant le point de vue, la fontaine de la Pyramide, portée par des écrevisses, des dauphins et des tritons emperlés.

Les Souverains étonnés, ravis, pleins de stupeur et d'admiration, se redressent vers le merveilleux spectacle et regagnent lentement le château au milieu de profondes acclamations.

Ce qui fait de Versailles un palais unique au monde, ce n'est point seulement la grandeur ou l'antiquité de ses souvenirs, l'immensité de ses salles ou la splendeur de sa décoration. D'autres châteaux possèdent des titres aussi beaux et aussi anciens et présentent d'autres richesses artistiques aussi enviables. Mais ce qui étonne à Versailles et ce qui saisit profondément, c'est cet ensemble imposant d'une si grandiose unité. Quatre règnes s'y sont succédé, depuis Louis XIII jusqu'à Louis XVI ; chaque Souverain a apporté des modifications qui trahissent son caractère et son temps, mais l'impression écrasante qui pèse sur tout, c'est celle de la personnalité excessive, dominatrice, de celui qui a été le véritable créateur de Versailles et dont le souvenir absorbe toute l'œuvre de ses successeurs. Le château et le parc, les avenues et la

Salon de l'Appartement de l'Empereur.

Phot. Barbichon.

ville elle-même portent l'empreinte ineffaçable de ce grand nom despotique qui s'impose aujourd'hui encore impérieusement à la postérité.

Redonner l'illusion de ce que pouvait être autrefois cette immense demeure royale où s'agitaient quotidiennement plus de trois mille personnes, où vivait dans tous les coins un peuple de courtisans, reconstituer ces divertissements magnifiques, ces intermèdes galants où l'on jouait à travers les pastorales et les ballets empruntés par Quinault aux poèmes chevaleresques de l'Arioste, les comédies de Molière mêlées à la musique de Lulli, faire briller un instant le spectacle merveilleux de ces fêtes royales du Carnaval ou de Saint-Hubert, des grandes réceptions d'apparat, était un rêve chimérique qu'on ne pouvait faire éveillé. Néanmoins les habiles metteurs en scène de la fête offerte à nos hôtes impériaux avaient cherché intelligemment à composer un aspect approximatif de ces appartements alors qu'y circulait la vie.

Conduits au pied de l'escalier de la Reine, les Souverains et le Président de la République sont reçus par le Ministre, M. Roujon, directeur des Beaux-Arts, M. Kœmpfen, directeur des Musées nationaux et M. de Nolhac, le conservateur du Musée, un des magiciens qui ont fait revivre toutes ces vieilles pierres. Le cortège monte les degrés dans

Hommage au Tsar.

Versailles. — La Représentation dans le Salon d'Hercule

Parys, del.

Gravure extraite du Monde illustré.

Chambre à coucher de Louis XV. Salon de repos de la Tsarine.

cette somptueuse architecture de marbres de couleur, entre une haie de gendarmes dont la tenue surannée ajoute une note imprévue et piquante dans ce décor ancien. Au haut du palier, le Président de la République présente Mme Félix Faure et le cortège parcourt successivement les divers appartements royaux ; il débute par les appartements de la Reine, ces appartements, pleins de souvenirs, où étaient morts deux reines et deux dauphines, où étaient nés dix-neuf enfants de France, et M. de Nolhac rappelle aux Souverains le souvenir de Pierre le Grand qui occupa deux fois, en 1717, les pièces voisines habitées par le duc de Bourgogne. Dans les petits appartements de la Reine, M. de Nolhac montre à l'Impératrice le coffret de la layette du Dauphin. Ce souvenir de Marie-Antoinette éveille la curiosité émue de l'Impératrice. De là, on traverse l'Œil-de-Bœuf, une partie de la Galerie des Glaces pour aller jusqu'à la Chapelle où le Tsar et la Tsarine contemplent cette architecture merveilleuse de ciselure délicate sur la pierre et le bronze doré. « C'est là, rappelle M. de Nolhac, qu'ont eu lieu les funérailles de Louis XIV et le mariage de Marie-Antoinette. » Ici encore le nom de la malheureuse reine a le don d'émouvoir la curiosité de la Tsarine. On repasse par les appartements jusqu'à la Galerie des Glaces où se presse au fond une foule serrée d'invités.

Ce n'est partout qu'une profusion incroyable de fleurs s'élevant en massifs ou se détachant en élégantes guirlandes retombant le long des glaces et des fenêtres. C'est M. Marcel Lambert, l'architecte du château, et M. Loquet, l'administrateur du garde-meuble, les organisateurs de ces délicieux arrangements. Les Souverains et le Président arrivent jusqu'à l'une des trois fenêtres centrales drapées de velours rouge. De là, un spectacle grandiose et émouvant se déroule à leurs yeux. Toute la splendeur de cette nature d'automne, les hautes cimes de charmes et de marronniers se dressant, de chaque côté, en masses sombres sur lesquelles se détachent les marbres et les eaux jaillissantes; au fond, le long miroir clair du canal, en avant duquel se découpe la silhouette du *Char embourbé* dans une lumière idéale de soleil couchant, jaune, pourpre et mauve au milieu du ciel gris, tandis qu'avec les premiers frissons du soir montent à leurs cœurs émus les cris de cette multitude qui les salue à leurs pieds, dans une masse grouillante, de bénédictions enthousiastes. Les Souverains visiblement remués restent un long moment dans cette contemplation très douce en répondant par des saluts et des sourires et se retirent lentement dans les appartements privés qui leur ont été réservés dans les appartements de Louis XV. C'est dans la chambre du roi qu'on a aménagé une chambre charmante pour la Tsarine. L'alcôve du fond est ornée d'une tenture des Gobelins de la série des Don Quichotte, et meublée d'une riche psyché en acajou et bronzes dorés, du délicieux portrait de Marie-Louise, par Nattier, enguirlandé de fleurs, et des fleurs partout, roses, violettes, orchidées, mêlées à de fines fougères et à de délicates graminées, jusque dans le cabinet de toilette, aux exquises sculptures Louis XVI, qui donne sur la cour des Cerfs. Le cabinet de l'Empereur est installé dans le cabinet de travail de Louis XV, et sa chambre dans le salon de Mme Adélaïde, une des merveilles du château. Ici les Souverains émerveillés et lassés sont laissés seuls jusqu'à 7 heures et demie, dans un tête-à-tête que rompt seule l'arrivée de la petite Grande-Duchesse Olga.

Le banquet a lieu dans la galerie des Batailles transformée. Elle est séparée naturellement en deux par des doubles colonnes avancées. La partie antérieure, richement décorée de tentures, de tapis de la Savonnerie, de lustres enguirlandés, forme un somptueux salon d'attente. L'autre partie est consacrée au couvert disposé sur une table unique avec un luxe délicat et ingénieux. La décoration naturelle n'a pas été changée. Le Tsar regarde les peintures de batailles, entre autres celle de Fontenoy devant laquelle il est placé. Le dîner est vite expédié et l'on

La Galerie des Glaces.   Phot. Barbichon.

repart dans la lumière bruyante des lampes électriques, puis dans la clarté plus douce des bougies qu'on avait eu le bon goût de conserver dans la grande galerie et dans les appartements pour leur garder leur aspect d'autrefois, à travers cet interminable défilé de salles somptueuses qui étonne de plus en plus les Souverains, comme s'ils visitaient un de ces palais enchantés des contes orientaux où des salles nouvelles se dressent incessamment à la suite des autres.

On arrive au salon d'Hercule que décore à lui seul son merveilleux plafond de Lemoine, et la soirée commence. Ici peu d'invités, pas de foule, une société choisie. Le Tsar est en habit avec le grand cordon de la Légion d'Honneur; la Tsarine, ravissante dans une riche toilette de satin blanc que couvre sur la poitrine un splendide collier de diamants et de perles à six rangs; de merveilleux brillants pendent à ses oreilles, elle porte dans les cheveux une petite couronne de brillants.

Dans le programme, la partie « comédie » a paru un peu maigre dans ce magnifique et hautain décor. *Lolotte* et le *Sous-préfet aux champs* remplaçaient mal la *Princesse d'Elide* et les *Fâcheux*, mais les exquis ballets, où de vieux airs français étaient dansés par des ballerines en costume Louis XIV et Louis XV, ont fait passer un frisson d'autrefois au cœur du vieux palais réjoui.

Après une courte collation au salon de Diane, les Souverains entrent un instant dans leurs salons, puis à 11 heures 15, dans le silence des vastes appartements qui reprennent leur sonorité grave et profonde, ils descendent l'escalier de la Reine, au bas duquel ils trouvent leur berline de gala, aux cochers empanachés qui les emporte dans la nuit et le calme de la cour du château, bientôt rompu par la foule délirante de la ville, sous la projection des lumières électriques, comme dans un conte d'autrefois.

LÉONCE BÉNÉDITE

Strophes récitées par Madame Sarah Bernhardt à la soirée de gala de Versailles.

LA NYMPHE DES BOIS DE VERSAILLES

Je dormais dans ces bois où, depuis vingt-cinq ans,
Ni le bruit des combats ni la rumeur des camps
Ne troublaient plus l'asile ombreux de mon long rêve.
A peine un cri d'enfant, un branle de berceau,
Un froissement de feuille à l'essor d'un oiseau
Coupaient le labeur grave et muet de la sève.

Je dormais, quand soudain, je sentis frémir l'air
Et près de mon côté le sol antique et cher
Tressaillir, et vers moi palpiter le bocage.
Frissonnante à mon tour, j'eus un éclair d'effroi...
Mais le buisson s'ouvrit et l'ombre du Grand Roi
M'apparut souriante et me tint ce langage :

« Nymphe immortelle, écoute et viens à mon secours.
Un couple impérial, espoir des nouveaux jours,
Veut visiter ma gloire embaumée à Versailles.
Je ne suis plus qu'un spectre; un voile éteint ma voix.
Que la tienne, sonore et suave à la fois,
En soit le vif écho dans ces nobles murailles !

» Mes hôtes sont les tiens, prends ma place auprès d'eux ;
Traduis pour leur couronne et leur race mes vœux ;
De mon règne en exemple offre-leur ce qui dure ;
Apprends-leur à quel peuple ils ont tendu la main,
Et quel génie ici, plus que moi souverain,
Plus que moi conquérant, a vaincu la Nature ;

Promenade des Souverains devant les Grandes Eaux

Composition de Laurent Gsell.

» Comment, à mon appel, tous les arts en ces lieux,
Vouant à l'idéal un temple harmonieux,
D'un rendez-vous de chasse, abri sombre et sauvage,
Ont su faire, ô prodige ! un rendez-vous sacré
Pour deux peuples unis fièrement, de plein gré,
Par l'attrait mutuel d'un beau nœud sans servage.

» L'Épouse auguste est là : va lui dire, en mon nom,
Que les Grâces lui font leur cour à Trianon.
Comme à leur jeune sœur que le bandeau fait grande
Le fils des Romanof m'apporte ses saluts ;
Au seuil du palais vaste où je ne brille plus
Il sied que dans tes yeux mon soleil les lui rende !

» Ah ! depuis que la tombe a refroidi mes os
J'ai longtemps médité sur l'emploi des héros,
Mais n'importune pas de ma science amère
Un prince que son sang nous convie à fêter ;
Pour bien faire il n'a pas de maître à souhaiter ;
J'ai déjà reconnu son modèle en son père.

» La sagesse léguée a pris racine en lui
Et la fleur en est douce à cueillir aujourd'hui.
Nymphe, reçois-le donc, de mon lustre vêtue ;
Sois tendre à sa compagne ; au front de leur enfant
Pose, au nom de la France, un baiser triomphant
Pour que la foi jurée aux cœurs se perpétue. »

SULLY-PRUDHOMME
de l'Académie française.

Phot. Pierre Petit.
Les invités attendant les Souverains aux grilles du Parc.

LA REVUE

Nous sommes à Châlons. Cependant c'est Paris que je vois, l'habituel public des tribunes de courses, élégant, le monde des pesages, des chevauchées au Bois. Des parisiennes claires, curieuses, lasses des cahots du breack, baillent, tapotent leurs robes, parlent aux militaires, les regardent du bout du nez, sucent des bonbons, gantent leurs doigts, les crispent, les dégantent, font claquer leurs pouces, et chuchotent : « On meurt. Quelle armée lambine ! Elle ne sait donc pas que nous sommes là?... »

Enfin, à midi, le Tsar est annoncé par le canon. Celui qui a encore une phrase aux lèvres ne la termine pas, — et nous regardons, dans un silence...

Il passe la revue.

J'aperçois au loin son uniforme rouge, un joli rubis, et sa blanche escorte, cette suite papillonnante d'Arabes. Ils sont en burnous clairs ; on dirait sur le ciel comme un passage de colombes.

Spectateurs de la Revue.

Mille jumelles cherchent à voir l'Empereur, puis retombent; il est trop loin. Il frise le front de l'armée, dans le salut joyeux des musiques, le roulement lourd des sourds tambours, l'appel aigu des trompettes, — et de ces foules, cependant, aucun bruit ne monte. Ce grand peuple rouge, on le dirait pétrifié. Respire-t-il? Aucun cri, aucun vivat, pas même un souffle. Et le Tsar passe, défile, regarde, rêve, se demande si ces hommes qu'on dirait morts, glacés à leurs rangs, sont de notre race *furieuse*. Cette force qui ne bouge pas, ce silence qui retient l'orage l'émeuvent...

Le monde, dans les tribunes, s'impatiente. Devant nous, à droite, à gauche, les troupes sont massées, lointaines. Mais, décolorés par l'espace, les régiments semblent tout petits, on dirait l'armée de Lilliput, — et cela cependant qui nous apparaît si petit, petit... c'est l'Armée Française!

Des invités de toutes armes, de tous pays emplissent l'enceinte de la tribune impériale, entre autres un petit Japonais qui va, vient, potine, saute: on dirait presque un Français; puis un officier d'Humbert au casque fabuleusement emplumé; et surtout je suis de l'œil deux capitaines prussiens auxquels les Russes parlent froidement, du bout des lèvres, qu'ils saluent froidement, du bout des doigts... tandis que leurs bonjours pour les nôtres se font aimables, emplissent franchement les mains françaises!

Revue de Châlons — Le défilé devant la Tribune Officielle

Composition de Matut.

Mais soudain, voici que devant nous le Tsar passe avec ses Arabes ; je le vois alors de près : il salue, grave ; les femmes émues se penchent. Il descend de son cheval, gravit l'escalier de la tribune d'honneur, — et à ce moment, tout s'agite...

A droite, à gauche, comme à quelque fabuleux signe, tout remue ; on dirait un long serpent qui lentement se réveille, tressaille, ondule de tous ses anneaux De lointaines sonneries nous arrivent... Est-ce l'ordre enfin de marcher ?

Le monde, dans les tribunes, se lève.

Et au son profond des tambours, voici la France qui vient !

D'abord, les troupes indépendantes, et à leur tête les Alpins.

C'est un magnifique début. Je revois le colonel de Nadailhac, à cheval, avec sa barbe que le vent secoue. Il a l'air d'un berger, de ces solitaires maigres dressés dans les soirs ; son grand béret tombe sur son cou ; et ce Berger à cheval suivi de foules énormes, c'est d'une telle tristesse dans la grandeur, que je vois autour de moi monter les larmes...

Viennent ensuite les zouaves ! Ils passent comme les chasseurs au pas précipité, dans un bruit de flots en marche ; l'œil voit rouge, c'est comme du sang qui roule, puis s'en va.

Déjà ils sont loin que les tribunes les regardent, essaient de les voir encore. En voici toujours, l'armée déborde ; voici un autre déluge bleu : il apparaît, il roule ; et dans les tribunes un cri d'orgueil s'arrache, s'élance vers les turcos !

Et c'est le tour de la 3ᵉ division d'infanterie, des chasseurs à pied ; ils ne marchent pas, ils courent ; ils défilent dans une acclamation qui monte, gronde, beugle, rugit ! On devine le frisson des cœurs ; les fronts sont blancs ; les bras, les mains se tendent... Et voici les pesants canons !

Toutes ces batteries sont si merveilleusement alignées qu'on les dirait sur un seul essieu, qu'on ne voit rouler qu'une seule roue ; les petits chevaux trapus envoient au Tsar leur hennissement ; et le public, une fois encore, se soulève d'admiration...

La 6ᵉ légion s'avance, majestueuse, précédée de ses généraux, l'effrayant *Sixième* dit « de fer », gardien des Vosges. Ceux-là, c'est la discipline, la bouche qui se tait, l'exercice violent, le danger, la manœuvre impossible, l'ordre. Il défile, hérissé de lames tranchantes. Où mènerait-on cela ? C'est un instrument de supplice, quelque chose que rien ne peut entamer, qui doit faire, au geste, un irrémédiable mal. A peine les a-t-on vus que dans la tribune du Tsar le monde

La Tsarine au Camp de Châlons

officiel se dresse, les plus froids s'éveillent, — et le public, cette fois, ne dit rien, mais dans tous les regards tendus, on voit des pensées qui brûlent...

Dès ce moment, les ovations ne cessent plus, car les brigades se succèdent : celles de la 12ᵉ division, encore des chasseurs; la 39ᵉ, annoncée par une compagnie du génie, s'avance à son tour, suivie, comme les autres, de batteries montées; et avec la 40ᵉ et la brigade Michau qui défilent, ces quatorze régiments s'enfoncent dans l'étendue, fiers, raides, d'un même pas, au son des mêmes clairons... Et cette fois, encore, personne n'applaudit, la foule se regarde épouvantée!

Aussitôt, des fanfares volent : les cuirassiers! les chasseurs! les dragons! les hussards! La 4ᵉ division de cavalerie passe; les bravos grêlent! D'autres troupes, semblables d'armes, de couleurs, ayant le même effectif, la 5ᵉ et la 3ᵉ divisions de cavalerie : hussards, cuirassiers, dragons, arrivent sabres bas, saluent, s'enfuient, légères, dans un moutonnement de sabots rapides. Ils n'ont pas encore disparu que l'émotion à nouveau s'éveille, va de l'un à l'autre, électrise; les mains se remettent à battre, déjà meurtries; et des houleuses tribunes ce n'est plus un cri qui s'élance, c'est une rumeur qui tombe, un long râle...

Mais il reste la *Charge*, cette charge qui plaît tant à la bravoure française. Et voici que subitement une cascade de casques jaillit de l'horizon, face aux tribunes. Après les têtes, les épaules pointent; les tailles, les poitrails, les jambes barrent le lointain comme d'un grillage d'aiguilles. Le Tsar, attentif, regarde.

Et tout à coup, cette cavalerie s'élance, vertigineuse, en ligne de masses ; la terre en tremble. Elle descend, se précipite, charge vers nous, à tout train ! Le fendoir en l'air, elle arrive comme l'océan, à la fois brutale et légère, comme vaporeuse, et va enfin s'éteindre, alentie et respectueuse, à quelques pas seulement du Tsar, debout et enthousiasmé, dont les yeux s'enflamment !

A cette vue, les tribunes craquent ! les âmes s'élancent ! les baisers des femmes s'envolent ! Cette charge, c'est le triomphe de la revue. Mais, hélas, la revue est maintenant finie...

Le Tsar n'est plus le même ; il parle, il sourit. Quand il s'en retourne, il salue la foule des deux mains, d'un geste amical, presque joyeux. Cette charge, sans doute, lui a rappelé celles de ses soldats, les galopades cosaques sur les bons petits chevaux de la mer Noire, — mais l'Impératrice Bleue, elle, ne dit rien. Elle rêve. Un petit pli emmaussade son beau front : elle a vu trop de soldats, trop de soldats trop pareils et pendant trop de temps ; elle a l'air d'en être un peu fatiguée. Qu'Elle nous pardonne, on ne montre pas l'Histoire en une heure. Que le joli souci qui plissait la fleur de son front s'oublie au souvenir de cette magnifique armée ; qu'Elle sache que les soldats l'aiment, et qu'Elle veuille parfois se rappeler que la Très-Galante France, un jour, la salua du sabre et courba ses drapeaux devant sa beauté.

Vive la Tsarine !

GEORGES D'ESPARBÈS

Les attachés militaires

Phot. Da Cunha
Porte de l'Avenue du bois de Boulogne

LES DÉCORATIONS ET LES ILLUMINATIONS

Décrire Paris en fête pendant le séjour des Souverains russes, et évoquer, pour qui n'a pas vu cet enivrant spectacle, l'aspect de la grande ville durant ces trois journées, c'est là une tâche littéralement impossible. Quels mots auraient la vertu de traduire ce qui est intraduisible? Retracer le tableau des rues pavoisées, des avenues flamboyantes dans un épanouissement de drapeaux et de fleurs, des arcs de triomphe çà et là érigés, des palais de féerie en quelques heures édifiés, des mâts gigantesques, qui hérissaient la cité en joie comme d'une chevelure d'oriflammes flottant parmi les perles lumineuses, ce ne serait, en somme, qu'une énumération documentaire à laquelle manquerait, hélas! ce qui a fait précisément le caractère exceptionnel, unique, saisissant de ces réjouissances patriotiques, c'est-à-dire l'expression du mouvement populaire, les vibrations formidables et charmantes de l'âme attendrie de la foule, le geste, la vie.

Or, on ne saurait séparer ces deux éléments l'un de l'autre si l'on prétend bien juger ce que fut la décoration de Paris pour la réception de ses deux hôtes augustes. Comme une femme qui se met en frais de toilette pour plaire à ceux qu'elle aime, la capitale française a été belle, moins encore par la beauté de sa parure que par les sentiments de bonheur dont elle rayonnait et qui éclataient, jaillissaient en allures de grâce débordante et généreuse, lui créant une atmosphère de rêve et l'enveloppant d'une auréole d'amour. Voilà ce qu'il faut bien comprendre. Que sont les flots de rubans d'un costume d'apparat, que sont les falbalas sans la séduction du sourire, sans le charme vainqueur de la personne qui les porte? Ce qui a fait l'attrait de Paris lors de la visite du Tsar et de la Tsarine, ce qui lui a donné une physionomie inconnue, captivante, irrésistible, telle que jamais il n'est question dans les anciennes annales qu'on lui en ait vue de pareille, c'est qu'on sentit battre son cœur sous ses vêtements de fête, et qu'en elle palpita, avec un élan prodigieux, le sûr instinct des destinées de la patrie.

Tel est le fait remarquable dont les historiens futurs devront tenir compte, s'ils veulent parler avec exactitude du décor qu'improvisa Paris pour recevoir l'Empereur Nicolas II. Dire ce décor sans la fièvre d'enthousiasme qui l'inspira, l'apprécier comme on ferait pour une œuvre d'art, le comparer aux autres entreprises de même genre du temps jadis, calculer en plus ou en moins le nombre de girandoles qui y furent employées, ce serait en dénaturer le sens et en méconnaître la grandeur.

A coup sûr, les gens d'un goût sévère et d'une érudition tant soit peu informée ont pu sourire plus d'une fois en considérant l'inexpérience des organisateurs et la pénurie d'imagination de nos modernes ornemanistes de places publiques. Autrefois c'étaient des artistes tels que les Jehan Perreal, les Lebrun, les Servandoni à qui était confiée la direction de ces « cérémonies d'entrées royales », dont les splendeurs sont une des traditions glorieuses de notre ancienne France.

Nous avons à refaire notre éducation à cet égard. Aucune de nos administrations publiques, à l'heure qu'il est, n'est préparée à semblable tâche. Les idées, le personnel aussi bien que le matériel manquent. Nulle cohésion dans les efforts. Point d'ho-

Phot. Da Cunha
Un coin de la rue de la Paix.

mogénéité dans l'exécution fortement mûrie d'un vaste plan d'ensemble. Tant bien que mal l'initiative privée, au dernier moment, se combine à tort et à travers avec l'activité mal réglée des divers fonctionnaires officiels. On s'essouffle, on se hâte. Les commandes pleuvent de toutes parts sur des entrepreneurs affolés. On ne parle que de tours de force à accomplir. Il faut, en douze jours, transformer la capitale, bâtir une gare de chemin de fer, élever des constructions de toutes sortes, fabriquer une décoration au kilomètre, trouver pour chaque monument une parure à effet! Comme le désir de bien faire surexcite les cervelles, c'est à qui fournira son élucubration, imaginera un projet. Et le moment suprême

La Porte du Faubourg Montmartre.

approche; on n'a pas le temps de choisir; il faut tout accepter au petit bonheur. C'est le triomphe du pittoresque, du caprice individuel, et les trouvailles décoratives qui parfois se rencontrent dans ce formidable cahot de toiles peintes, de draperies, de treillages fleuris, de pylônes et de drapeaux ne compensent point l'absence des harmonieuses et magnifiques ordonnances architectoniques qui, dans l'art du décor, sont comme le développement élégant d'une idée bien exprimée en une langue somptueuse.

Voilà dans quelles conditions a été entreprise la décoration de Paris pour la réception de l'Empereur et de l'Impératrice de Russie. On ne saurait trop insister sur ce point, car ce qu'il faut principalement en retenir, ce qui en a fait un spectacle profondément émouvant, c'est par dessus tout son caractère populaire. S'il y a eu dans le passé des fêtes plus savamment ordonnées, mieux esthétiquement combinées (quoiqu'en des proportions moins gigantesques), il n'y en a jamais eu, à

Phot. Da Cunha.
La Terrasse des Tuileries.

coup sûr, qui aient été préparées avec plus d'entrain par toute une population frémissante et heureuse de manifester son plaisir.

Nous n'essaierons pas de retracer la physionomie de Paris durant les journées mémorables de la réception impériale. Il suffira de rappeler quelles ont été les parties les plus intéressantes de l'immense décor improvisé dans tous les quartiers de la ville : la gare du Ranelagh, construction de féerie élevée en huit jours par un miracle d'activité, sous la direction de M. Scellier de Gisors, architecte du Sénat, la place de l'Hôtel de Ville où le peintre Jambon avait dressé deux hexèdres de sa façon, d'une composition très élégante avec leurs colonnes d'un bon style, leurs pylônes bien étudiés ; le pont Alexandre III que l'excellent artiste, Amable, avait figuré au moyen de colonnes rostrale d'un puissant effet ; l'avenue des Champs-Élysées dont les arbres, au rond-point, avaient reçu cette floraison printanière qui reste l'innovation la plus aimable de ces réjouissances ; les tribunes du jardin des Tuileries ; les dômes treillagés de la rue St-Simon donnant accès à l'hôtel de l'Ambassade russe ; la rue de la Paix, bordée de portiques en treillage vert d'eau ; la rue Royale, tendue de draperies en velours rouge ; les boulevards, avec leurs guirlandes transversales de ballons électriques... que sais-je encore ! Il n'était pas un coin de la ville, point de rues — même celles où il était certain que ne passerait pas le cortège impérial, qui n'eussent été pavoisés. Les comités d'initiative privée, constitués pour l'embellissement de chaque quartier, avaient vu affluer les

Phot. Da Cunha
La rue de la Paix.

Hommage au Tsar. Réné Binet, del.

Les Illuminations des Grands Boulevards

Le Feu d'artifice

Composition de Ch. Jouas.

souscriptions. — « Il y a eu plus d'argent qu'il ne nous a été possible d'en dépenser! » nous a déclaré le président d'un de ces comités. — Ce mot seul n'en dit-il pas plus que vingt pages de description?

Les véritables triomphatrices, au point de vue de l'art, dans cette orgie d'ornementation improvisée, ce furent les

Le Pont de la Concorde.

fleurs. Avec quelle abondance et quelle fantaisie, avec quelle science d'arrangement et quel sens merveilleux de la couleur elles ont été prodiguées! Jamais encore le goût, pourtant justement célèbre des fleuristes parisiens, ne s'était montré aussi ingénieux, aussi varié, aussi prodigieusement créateur. A cet égard, aucune comparaison avec le passé ne peut donner une infériorité à notre époque. La gare du Ranelagh, surtout, a fourni un exemple particulièrement délicat de l'habileté suprême de nos jardiniers, en tant que collaborateurs des architectes et des tapissiers. C'était vraiment une symphonie où, comme en un orchestre, les nuances se fondaient en masses harmonieuses pour se disperser en fusées légères et s'épandre en guirlandes au milieu des étoffes pâles sous le velours de satin argenté. Les piliers vert et or du portique laissaient émerger de jeunes plantes vertes, tandis qu'un long feston courait, de pilier en pilier, dans lequel le lilas blanc jetait sa note vive. A l'intérieur des salons, les couleurs apaisaient leurs fanfares et là, au bas des cloisons, l'accord vigoureux des feuillages du dattier, de la fougère, des dracœnas soutenaient les motifs plus

A la Place de la Concorde.

tendres formés par les roses thé, les reines marguerites mauves et les chrysanthèmes diaprées qui encadraient les panneaux.

A l'Hôtel de Ville, les fleurs encore firent le succès de l'escalier d'honneur imaginé par l'architecte, M. Bouvard, pour conduire le couple impérial jusqu'au premier étage. De même à l'Élysée, à l'hôtel de l'ambassade, à l'Opéra, au Théâtre-Français, au Cercle militaire, sans parler des façades de maisons particulières, avenue des Champs-Élysées, boulevard Malesherbes et ailleurs, dont la décoration exquise, du goût le plus raffiné, fut un régal pour les yeux.

Les illuminations, si étincelantes qu'elles aient été, n'ont pas, à beaucoup près, procuré aux juges difficiles cette même sensation de perfection, de grâce et de nouveauté. Pourtant, en plusieurs points, le spectacle fut splendide. La place de l'Opéra, notamment, d'où l'on apercevait à la fois les perspectives des boulevards et de l'avenue aboutissant au Théâtre-Français, ainsi que la rue de la Paix et celle du Quatre-Septembre, offrait un tableau sans pareil. Pour la première fois, la grande lyre que tient l'Apollon colossal qui surmonte l'Opéra, était profilée en lumière, et, sur la corniche du monument, un aigle russe immense, tout entier en flammes de gaz, faisait rayonner ses grandes ailes de feu. Tout autour, ce n'était qu'une fournaise immense, avec des girandoles de diamants, des fourmillements d'escarboucles, des étincellements de pierres précieuses qui, aux façades de toutes les maisons, entre les guirlandes des mâts, le long des boulevards et des rues, dansaient, s'allongeaient en perspectives infinies, dessinant dans l'atmosphère enflammée des ricochets de perles, de fabuleuses arabesques de lumière !..

VICTOR CHAMPIER

Phot. Da Cunha
Le Rond-Point des Champs-Élysées.

LA FOULE

M. Lépine, Préfet de Police.

Ce fut, durant les *inoubliables fêtes*, de la vraie Foule, de la Foule de première qualité, et il fallait être huilé spécialement pour glisser entre les gens. Car la foule parisienne est déjà terrible, n'est-ce pas? Mais que peut-elle devenir, lorsque s'y adjoignent onze à douze cent mille provinciaux et étrangers habitués plutôt à se promener sur des routes où l'on ne rencontre que des arbres et des bornes kilométriques.

Mais, encadrées par les vieilles foules parisiennes qui ont l'héroïque habitude des cohues forcenées, ces recrues ne tardèrent pas à montrer de l'endurance et de l'élasticité. Car, indice rassurant, les camelots criant leurs placards, et leurs chansons, et leurs bibelots de circonstance, glissaient à travers la foule tassée, comme des anguilles au travers du sable de mer.

Et, même, les gars normands, portant leur panier de provisions sous le bras, surent parfaitement s'arrêter, malgré les remous de la foule, lorsqu'ils voulurent contempler les faux pommiers en fleurs, et les simili-pêchers étoilés de papier blanc, au rond-point des Champs-Elysées. De là, après avoir regardé, en connaisseurs, la couleur du temps, et l'ayant jugée favorable, ils s'en allèrent bivouaquer sous les arbres du Bois, afin d'être aux premières loges pour l'arrivée du Tsar. Et ce furent des malins, ces gars normands : derrière la haie des troupes, tout le long du parcours, depuis le Ranelagh jusqu'à la Porte-Dauphine, il y eut de la place, même pour les cyclistes. Les masses et leurs

Place de la Concorde. — La statue de Lille.

Phot. Gaillard

acclamations se perdaient dans l'immensité de la forêt en décor. Et lorsque le Tsar parut, grave, au sortir de la gare en face de la tribune officielle, non loin de la pelouse où piétinaient les reporters, les cris de « Vive la Russie! » et ceux de « Vive l'Empereur » semblèrent à peine un bruissement de feuillage.

Il fallait l'avenue du Bois, l'Arc-de-Triomphe et les Champs-Elysées. Crescendo de grondements en grondements sortant d'une formidable embâcle humaine; écluse de têtes, cataracte de cris. A la Concorde, folie. L'Imperator put comprendre ce que devait être un triomphe, et la Tsarine souriait à ce peuple immense qui saluait, formidable, rieur, enthousiaste, sa grâce souveraine. Et c'était cette même foule léonine dont la fureur avait brisé des trônes. Foule léonine et chatte, bizarre.

Ce jour-là, foule en patte de velours, et ne montrant les dents que pour rugir sa joie. Et combien composite!

Après le passage du cortège, une débâcle se produisait aux Champs-Elysées, l'inondation rompait l'écluse, et ce fut un spectacle extraordinaire que celui des voitures et des piétons innombrables, voire de cyclistes enragés dégringolant l'avenue, parmi les mouvements des

L'Avenue des Champs-Élysées.

Phot. G. Worth.

troupes se disloquant. Des dragons montaient d'un côté, un régiment descendait de l'autre; entre les deux, évoluait comme il pouvait un torrentiel chaos de têtes dont on ne voyait pas les corps.

Et durant les deux journées ce sera un spectacle analogue sinon pareil exactement. La rue Royale aura d'effroyables remous, le boulevard Malhesherbes, la place de l'Opéra, le Trocadéro, partout embâcle et débâcle. Mais tout rentre miraculeusement dans l'ordre quand, au grand trot des équipages, passe le cortège souverain.

Et partout les camelots opèrent, ils vendent les cartes-postales franco-russes, les portraits et les chansons. Même, pour les chansons, ils se mettent à trois, en quelque recoin de foule, et l'un violonant ou guitarisant, l'autre braillant, l'autre vendant, ils lancent les refrains de circonstance : « Gloire au Tsar! gloire au Tsar! »

Les loueurs de chaises trouvent aussi leur place, on apporte des caisses, quoi encore? Le boulevard Malesherbes, à la hauteur du Parc

Place de la Concorde. — La statue de Strasbourg.

Phot. Gaillard.

Monceau, fut barré par des madriers superposés que louaient d'ingénieux industriels. Un homme malin offrait pour deux francs son échelle aux curieux qui voulaient s'asseoir sur un kiosque, sur la tête d'une Ville place de la Concorde, sur une colonne Morris, puis il s'en allait ailleurs, laissant, perchées sur ces sommets, des bedaines et des impotences, sans s'inquiéter le moins du monde sur la façon dont elles redescendraient de ces pics et de ces escarpements.

La cohue intense ainsi s'étageait et atteignait presque à la hauteur des heureux loueurs de fenêtres; et ceux-ci formaient, au-dessus des masses horizontales, de verticales tapisseries de foule, jusqu'aux toits des maisons qui se crénelaient de têtes et de bras.

En face la rue Velasquez, sur la crête d'un haut édifice, une silhouette de femme maigre, dont la robe noire flottait comme un drapeau autour de la hampe de ses jambes, et qui étendait d'immenses bras de sémaphore sur le ciel bleu. C'était peut-être une sibylle, à moins que ce ne fût quelque vieille institutrice anglaise, habitant les mansardes, ou une poétesse exaltée prenant un toit du boulevard pour le rocher de Chateaubriand, et déclamant au Tsar des strophes emportées par le vent. Cette femme aigüe, escarpée, deve-

La Foule sur les Grands Boulevards

Gravure extraite de la « Revue Illustrée ».

naît le *quo non ascendam*
de la Foule en délire.

Et si bizarrement diverse, cette foule, même dans l'unanimité de son enthousiasme ! Les premiers arrivés, ceux qui détiennent le bord du trottoir, (ce bord est un record, savez-vous ?) attendent depuis trois, quatre, cinq heures, avec une ineffable constance : il s'agit de se tenir

Avenue du Bois de Boulogne. Phot. Chauchard.

raide contre la poussée de ceux qui sont derrière ; car, si l'on est précipité sur la chaussée, on y trouve la force armée qui vous pourchasse, et vous rejette vers n'importe quelle issue ; il s'agit de garder l'équilibre, et d'attendre, d'attendre, d'attendre. On s'égaie comme l'on peut des minces incidents : un chien qui traverse avec effarement la chaussée déserte, une femme qui trop serrée de près, pousse un petit cri de surprise pas trop angoissée, et le cabrement d'un cheval de gendarme (gare aux pattes). Parfois la fatigue ramène le silence. Et voici un bon *populo* qui, séparé de son camarade, par cinq ou six personnes, se penche un peu et lui dit d'une voix grasse : « Ugène ? Ugène ? Commences-tu à être heureux ? » C'est la gouailleuse résignation de la Foule.

Sur la chaussée déserte et gardée, où courent quelques reporters et plusieurs photographes, passe et repasse M. le Préfet de Police, tantôt en voiture, tantôt à pied. Et son regard s'aiguise afin de surprendre n'importe quelle possible embardée de la Foule.

Place de la Concorde. Phot. Bordin
La foule attendant le passage des Souverains.

Sous un pont, un endurci pêcheur à la ligne (toutes les passions sont respectables, à la condition cependant qu'elles soient franco-russes) a mis

au bout de sa canne à pêche un *pavillon* jaune, impérial. Espère-t'il amorcer le goujon avec un aigle noir à deux têtes? point. Il veut être de la foule sans être avec elle; il manifeste à l'écart. C'est la foule asthmatique, sans doute, ou podagre.

Sur un trottoir, au moment d'une cataracte de landaus ou de fiacres officiels, un homme grand, sec, le nez coloré, la moustache hirsute, la redingote élimée, et le pantalon attestant la ruine, bougonne : « Des ministres! des opportunistes!! des anarchistes!!!... Laquais!!! » Puis, dans un interstice, il s'élance, et levant les bras au ciel, il crie, désespéré : « O monarchie de Louis XIV, où es-tu? » Ce textuel personnage, c'est la foule grincheue et opposante, c'est la foule maigre, dégoûtée du présent, et songeant au passé ou rêvant d'avenir.

Remarqué aussi, un Monsieur ou demi Monsieur, un pain sous le bras, disant : « Mais les rues de Tours sont bien mieux que çà! » O Balzac !

Le soir, sur la place de l'Opéra, une poussée se produit à l'angle de la rue du Quatre-Septembre; un tourbillon, un essai de maëlstrom. Cris de femmes. Une ligne d'agents accourt au trot, un officier de paix vient dire aux curieux privilégiés qui stationnent sur le petit refuge de s'en aller sur le grand; et on improvise là une ambulance pittoresque. Les femmes évanouies sont dégrafées par un médecin de bonne volonté, sous la lumière électrique un décolletage imprévu apparaît. Tapotement dans les mains. « Ce n'est rien, rien! là, ça va mieux! »

Tout à coup un mouvement, le Tsar vient, le Tsar arrive par l'avenue de l'Opéra toute ruisselante de lumière, vers l'Opéra inondé de clartés. Les femmes évanouies reviennent à elles, c'est poitrine nue et les seins enavant qu'elles applaudissent. C'est la foule enivrée qui se donne.

Pendant la représentation, le Souverain de tant de millions d'hommes silencieux, avant d'aller saluer à Châlons notre grande Muette, a voulu sur le balcon de l'Opéra, venir voir cette immense foule bruyante, clamante, acclamante, qui houlait à ses pieds dans un décor plus merveilleux que tous ceux de la scène. Et, grave, le Tsar salua la foule, la foule hybride et mystérieuse, la foule ici souveraine.

ÉMILE GOUDEAU

LES BIBELOTS FRANCO-RUSSES

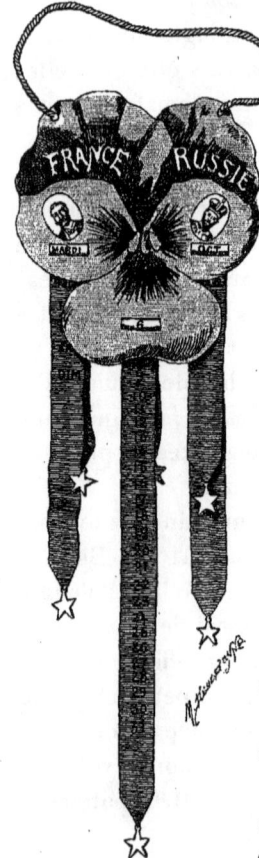

Calendrier Franco-Russe

— Demandez la canne franco-russe !
— Qui n'a pas son mouchoir de Cronstadt ?

. . . .

Et la voix des camelots monte, emplit les boulevards et les rues, dominant le bourdonnement de la foule.

Ils se faufilent, les marchands d'articles franco-russes, à travers l'épaisse cohue. Ils glissent, rampent avec des ondulations de félins et soudain, au milieu du fourmillement des têtes, émergent les bras levés, offrant leurs bibelots multicolores.

Jamais, on peut le dire, le camelot parisien n'a autant donné que pendant ces fêtes splendides qui ont étonné Paris. Il y en avait partout, ils étaient légion.

On eut dit qu'une baguette magique en avait fait sortir des nuées de terre.

A chaque coin de rue, devant chaque porte, sur la chaussée, aux terrasses des cafés, ils étaient des bandes qui débitaient leur invariable refrain :

— Demandez la canne franco-russe !
— Qui n'a pas son mouchoir de Cronstadt ?

. . . .

Et le public achetait sans marchander.

Les gros sous, les pièces blanches tombaient dans les mains des pauvres industriels du trottoir.

Les papas accrochaient à leur boutonnière la petite lanterne de Moscou et les mamans épinglaient à leur jaquette la broche de la Tsarine, tandis que les gamins agitaient en criant « Vive le Tsar », le petit drapeau jaune qu'ils avaient retiré de la canne à treize sous.

Curieux ces bibelots inventés en un rien de temps. Il y avait de tout là dedans et on est étonné de l'ingéniosité avec laquelle certains ont été fabriqués.

Passons-les en revue :

C'est d'abord la *canne franco-russe* : un roseau creux dans lequel est caché un étendard qui, lorsqu'on l'a retiré de sa gaîne, se fixe au bout de la canne ; la *petite boîte à sel* : une mignonne lanterne munie d'une lampe minuscule qui projette des feux tricolores.

Voici le *Salut du Tsar*, un jouet curieux qui a trouvé bien des acheteurs : c'est un tsar très gracieux qui, mû par un mécanisme intérieur, salue en portant la main à son bonnet d'astrakan.

L'*alliance de la Tsarine* : une petite bague en doublé, ornée d'un chaton sur lequel est peint le portrait d'Alexandra Feodorowna.

La *couronne de Catherine II* : un petit diadème de corail qui peut se porter en guise de collier, de bracelet ou de chaîne de montre.

Le *mouchoir de Cronstadt*, morceau d'étoffe bleu, blanc, rouge, sur les côtés duquel on lit : CRONSTADT, 1891 — Cronstadt-Toulon, 1893 — TOULON.

Voici encore l'*éventail de la Tsarine* où se détache, au milieu de myosotis, le portrait de la gracieuse Impératrice.

Le *bonnet du petit russien*, les *grelots de la troïka*. Le *cheval du Tsar* : un petit poney en zinc, qui trotte, en levant les pattes, avec une effrayante rapidité ; le *traîneau de la famille impériale*, etc., etc.

Citons encore le *médaillon cinématographe*, les *cuirassés franco-russes*, les *torpilleurs de Cronstadt*, les *petits marins*.

La *Citadelle de Saint-Pétersbourg*, le *Palais d'hiver*, coquettes constructions artistiquement découpées.

Le *yacht impérial*, les *sœurs françaises et russes*, le *canon pétersbourgeois*, la *trompette des hussards de la Garde*, le *défilé des troupes françaises et russes*.

La *chaussette russe*, une bourse en tricot avec fermoir, sur laquelle sont brodées les armes de la maison impériale.

La *violette du Tsar*, fleurette en émail, portant sur ses pétales les figures du Tsar, de la Tsarine et de la Grande-Duchesse Olga.

Le *mouchoir commémoratif*, en soie avec, aux quatre coins, les portraits d'Alexandre III, de S. M. Nicolas II, de Félix Faure et de Casimir-Périer, et au milieu, en grisaille, une vue de Saint-Pétersbourg.

Le *Taquin franco-russe*, nouvelle adaptation du jeu bien connu, consistant à reconstituer, une fois que les lettres ont été brouillées, les mots : France et Russie.

Ce sont ensuite des photographies minuscules enchâssées dans des objets en os ou en celluloïd.

A signaler aussi l'*arrivée du cortège* : un petit livre qui se déplie et représente, en perspective, l'avenue des Champs-Élysées sur laquelle arrive, escorté des chefs arabes, de dragons et de cuirassiers, le landau du Tsar et de la Tsarine.

Nous ne parlerons pas des portraits représentant S. M. Nicolas II et son auguste épouse.

Il y en eut des milliers.

Quelques-uns étaient assez ressemblants, d'autres très fantaisistes, trop fantaisistes même. Un camelot, peu scrupuleux, n'a-t-il pas eu l'idée de vendre des chromos représentant le général Boulanger !

— Demandez, disait-il, le *Tsar en général français* !

Mais le public qui s'intéresse aux moindres bibelots, méprise les trucs grossiers avec lesquels on espère l'attirer. Le *Tsar en général français* ne s'est pas vendu et le marchand en a été pour ses frais.

Et les questions ! S'il nous fallait les énumérer toutes, dix pages ne nous suffiraient pas. Nous en avons vu de très ingénieuses, de fort compliquées : la *question du Caucase*, les *clefs de*

Moscou, la *boule moscovite*, les *armes des deux Nations*, le *secret du Tsar*, la *torsade de la Grande-Duchesse Olga*, etc., etc.

Mais il en est une qui vaut quelques lignes de description : le *Nœud de l'Alliance*.

Ce sont deux mains qui se pressent. Il faut les détacher l'une de l'autre. On essaie, on force, on fait tout craquer, on casse l'objet, mais les mains restent unies.

L'alliance est indissoluble.

Nous ne parlerons pas des chansons, des chœurs illustrés vendus par rames pendant les trois jours de fêtes. Disons toutefois que parmi ces poésies il ne s'en trouve pas une qui contienne la moindre plaisanterie. Elles sont sérieuses, souvent mal faites, les vers en sont boiteux, les rimes pauvres et les airs ennuyeux, mais enfin elles sont « dignes ».

Les fabricants de complaintes qui ne respectent rien d'ordinaire ont fait preuve de délicatesse et de tact.

Le public parisien a d'ailleurs pu examiner ces bibelots à l'Exposition du *Gil Blas* où il a réuni tout ce que l'industrie parisienne a fabriqué lors des fêtes franco-russes.

Et maintenant tous ces riens sont conservés cependant comme de précieuses reliques, dans les villes, dans les bourgs et les hameaux, par ceux qui ont assisté à l'arrivée du Tsar et de la Tsarine.

Ils leur rappelleront trois brillantes journées, trois journées pendant lesquelles les cœurs des Français ont battu d'une patriotique et sincère émotion.

ARNOULD GALOPIN

Hommage au Tsar.

Berline de Gala de Leurs Majestés

J. Grigny, del

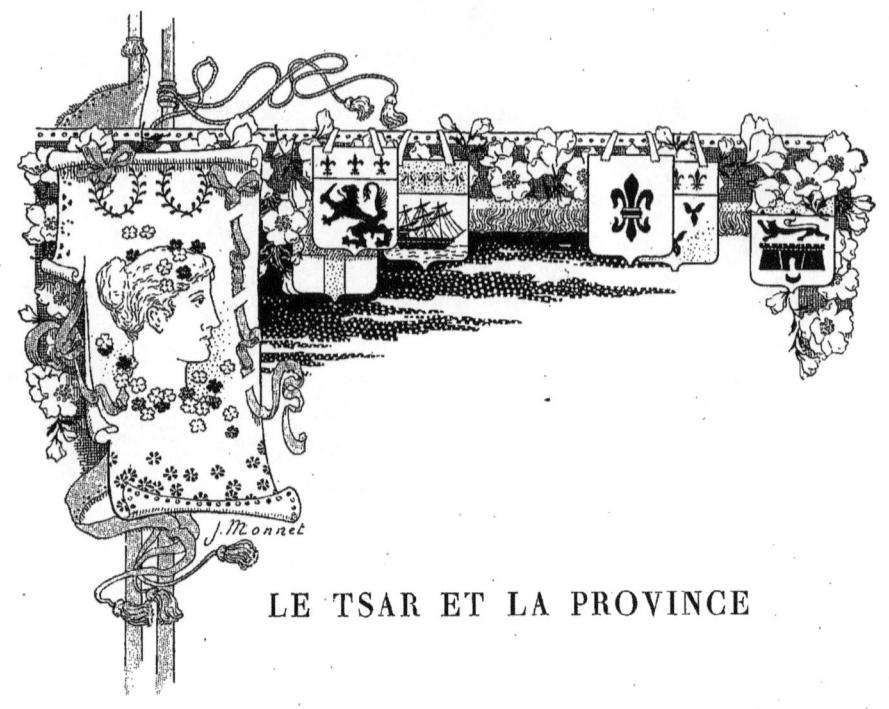

LE TSAR ET LA PROVINCE

Ce fut, certes, pour Nicolas II un merveilleux spectacle que ce Paris en fête, dont pendant trois jours on lui a montré les monuments et le merveilleux décor. — Il a visité Notre-Dame et la Sainte-Chapelle, le Musée du Louvre et la Monnaie; il a assisté à une séance de l'Académie, aux galas de l'Opéra et de la Comédie-Française; il a vu les magnificences de Versailles; il a passé en revue nos soldats rassemblés dans les vastes plaines de Châlons.

De toutes ces réjouissances, de ces solennités civiles et militaires qui se sont succédé pendant trois jours comme de magnifiques décors, le Tsar a remporté une idée de l'âme mobile, enthousiaste et charmante du grand Paris; mais il ne connait pas encore toute cette France dont il n'a aperçu que l'ombre indécise à travers les glaces du wagon impérial courant à toute vapeur dans la nuit.

Il est vrai que, de tous les coins de la province, les populations sont accourues ici par centaines de mille pour saluer les souverains russes; malheureusement, elles étaient perdues et noyées dans la foule tourbillonnante, et le Tsar ne les a pas vues. Ce qu'il aurait fallu lui montrer, ce sont ces mêmes provinciaux — non point épars et perdus par les flots de l'océan parisien — mais se mouvant dans leur milieu, dans le cadre infiniment varié et pittoresque de nos provinces françaises.

Je sais bien qu'à raison même de la brièveté de cette impériale visite, je formais là un souhait purement chimérique ; pourtant, ce rêve, tout irréalisable qu'il fût, m'a longuement hanté l'autre jour, dans un coin de l'Anjou.

C'était à Saint-Florent-le-Vieil, au sommet du tertre où l'on a élevé une colonne en mémoire du passage de la Loire par l'armée vendéenne, en 1793. De là, on domine un royal paysage où tout est merveilleusement réuni pour la fête des yeux : l'eau, les arbres et le ciel. — Derrière moi, moutonnaient à perte de vue les bleuâtres ondulations du Bocage ; à mes pieds, la Loire, large comme un lac, décrivait une courbe majestueuse entre les vignobles de Champtocé et les coteaux d'Ancenis. Ceint de fuyantes prairies et de collines boisées, le fleuve lisse et miroitant resserrait comme en des anneaux d'argent une succession d'îles plantées de frissonnants peupliers. Par moments, la Loire semblait disparaître sous les feuillées des îles touffues, puis on la revoyait au loin reluire par vifs éclairs entre deux massifs verdoyants. L'eau calme et nonchalante était si unie que le vaste ciel moiré de nuages s'y reflétait tout entier. Des chalands aux voiles carrées y surgissaient soudain au détour d'un îlot de sable doré. On les suivait dans leur lent voyage au ras des prairies, où de nombreux troupeaux de vaches éparpillaient leurs taches rousses, ou bien à la base des vignobles où des bandes de vendangeurs dépouillaient les pampres d'un rouge violacé.

Le ciel bleu marbré de blanc, la rivière ample et lumineuse, la luxuriance des frondaisons, la souple ondulation des côteaux où pointaient çà et là l'aiguille d'un clocher et les tourelles ardoisées d'un château, tout cet ensemble donnait une sensation de majesté douce, de riche fécondité, de travail paisible et sûr, de vie aisée et joyeuse. Et je songeais à part moi : « Voilà un de ces coins du pays de France qu'il faudrait montrer à notre impérial visiteur. Le spectacle vaudrait bien toutes les splendeurs des fêtes officielles, et combien d'autres paysages, également colorés et intéressants, pourraient se succéder ainsi : on n'aurait que l'embarras du choix.

Dans cette revue de nos provinces françaises — plus imposante et plus suggestive que la plus solennelle revue militaire — que de beautés inattendues, que de tableaux intimes ou grandioses, mélancoliques ou riants, bourgeoisement familiers ou sévèrement sublimes, quelle variété de villes et de gens nous pourrions faire défiler sous les yeux de nos hôtes !...

La Bretagne profondément croyante, avec sa poésie rêveuse, ses clochers à jour, ses landes solitaires et ses ports populeux; la Lorraine militaire et laborieuse, avec ses terres à blé, ses ruisseaux clairs et ses Vosges toujours vertes; la Normandie, pleine d'herbages et de filatures; la gaie Bourgogne, couverte de vignobles et de bois giboyeux; le Morvan aux forêts mouillées; la Touraine aux royales rivières où se reflètent les sculptures fleuries de la Renaissance; le Poitou, semé de châtaigneraies et peuplé de précieuses églises romanes; la Gironde aux vins généreux; la Provence sèche et parfumée que vient battre la Méditerranée aux flots bleus; les pics sveltes des Pyrénées et les lacs limpides de la Savoie; Toulouse où montent des chœurs de voix sonores et Lyon où résonnent des bruits de métiers... Le Tsar ne connaîtra-t-il jamais que par ouï-dire la diversité et l'originalité de nos provinces? Ce serait grand dommage.

S'il pouvait observer la nation amie dans le cadre familier et simple de la vie provinciale, il emporterait, je crois, de cette visite une impression plus durable et forte que celle que lui ont laissée nos fêtes officielles.

En parcourant ces régions si différentes de couleur, d'atmosphère et de physionomie, et cependant animées du même souffle patriotique, il aurait certainement la révélation d'une France dont on ne lui avait jamais parlé et qu'il ne soupçonnait pas. La diversité des sites, des cultures, des industries et des mœurs lui ferait mieux comprendre l'esprit français, léger en apparence, mais si sensé au fond, si attaché aux traditions du sol natal, si souple, si élastique, si épris d'ordre et de clarté, si enthousiaste et généreux. Il verrait des populations citadines et campagnardes, indifférentes aux vaines querelles de nos politiciens; des races de paysans libres, laborieux, amoureux de la terre; une bourgeoisie paisible, économe, vivant un peu étroitement mais sainement dans l'horizon borné des villes et des bourgs; — en somme, une société tout autre que celle dont nos romans parisiens et notre théâtre ont tracé une infidèle ou exceptionnelle image. Il admirerait ce qu'il y a encore d'énergie, de ressort, de bon sens et de dignité dans cette nation française, très fière de l'amitié russe, mais consciente aussi de ce que vaut l'amitié qu'elle offre de tout cœur...

Si cette « montre » de nos provinces, si cette haute chevauchée à travers notre pays, sont pour le moment d'irréalisables rêves, du moins espérons que ce bref séjour, pendant lequel Paris a enveloppé ses

Augustes Hôtes dans une atmosphère de respectueuse et enthousiaste sympathie, aura donné au Tsar le désir de connaître le reste de notre France. Il voudra un jour visiter ces provinces qu'il a à peine entrevues. Il y retrouvera les mêmes manifestations spontanées, le même élan unanime des cœurs et aussi la joyeuse émotion de la conscience populaire, pressentant un grand acte politique dans cette amitié des deux pays, qui s'affirme si solennellement à la face de l'Europe attentive.

ANDRÉ THEURIET
de l'Académie Française.

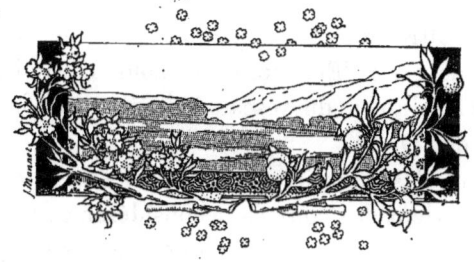

L'INITIATIVE PRIVÉE

N'est-ce pas le maître Manet qui peignit une vue, ennuagée de fumée, de la place de l'Europe, avec, sous le treillis de fer du pont, les innombrables lignes du réseau important de la Compagnie des chemins de fer de l'Ouest?

C'est, en effet, un des endroits de la Ville les plus curieux, et à voir l'incessant va-et-vient des convois, à considérer ce transit colossal qui bifurque sur la Normandie et la Bretagne, on devine quel surcroît d'animation a pu donner là l'arrivée du Tsar en France par Cherbourg.

Pour ces Fêtes inoubliables, la Compagnie des chemins de fer de l'Ouest a su organiser tout un service de trains supplémentaires, dont l'horaire, fixé à l'avance, ne s'est pas démenti, et qui a permis à des milliers de voyageurs, d'aller au-devant de notre hôte illustre, puis de se retrouver le lendemain à la gare du Ranelagh lorsqu'il entrait à Paris.

Malgré l'affluence énorme de public, malgré la délicate responsabilité qu'occasionnait le train impérial russe, précédé du train présidentiel, malgré la surveillance à effectuer sur un aussi long parcours, il n'y a eu à déplorer aucun accident, aucun retard, et les cadeaux laissés par le Tsar, au haut personnel de la Compagnie, étaient le juste tribut de reconnaissance à un ordre de choses aussi parfait.

Dès la première quinzaine de septembre, les voyageurs de banlieue admiraient au passage les wagons bleus à aigles d'or, garés près de

Levallois ; la Compagnie de l'Ouest avait agencé, pour ce, une vaste remise où l'on voyait déambuler les employés à casquettes plates, à grandes bottes noires, à longues houppelandes, du train impérial. Pour eux, la Compagnie fit frapper une médaille, exécutée par l'habile orfèvre Camille Gueyton, et elle offrit à la Tsarine un présent artistique, la fine aquarelle de notre collaborateur et ami G. Fraipont.

Ce que le chemin de fer de l'Ouest avait fait pour la satisfaction du public, la Compagnie Générale Transatlantique le fit par pure amabilité patriotique. Pour aller à la rencontre de *l'Etoile Polaire*, elle avait mis à la disposition des curieux enthousiastes trois de ses bateaux, *la Normandie*, *la Navarre* et *le Canada*, dont deux avaient été frétés par la Société Française des Voyages Duchemin.

Ayant été un des passagers de *la Normandie*, et ayant pu, grâce à la manœuvre habile du commandant Deloncle, assister au spectacle merveilleux de l'arrivée en pleine mer, — le yacht impérial, avec le pavillon jaune à aigle noir, escorté sur deux lignes par les cuirassés : le *Dupuy de Lôme*, le *Valmy*, le *Descartes*, le *Hoche*, le *Jean Bart*, etc., suivis par les torpilleurs fermant la marche — c'est pour moi un devoir de gratitude de parler de la Compagnie Transatlantique, cette entreprise gigantesque à la tête de laquelle est M. Eugène Péreire comme président depuis 1876, secondé par M. Daymard le célèbre ingénieur constructeur, un savant aussi modeste qu'affable, par M. Eugène de Boccandé, chef du service commercial, par MM. les administrateurs.

Seuls, les chiffres peuvent faire concevoir l'importance de la Compagnie Transatlantique ; elle emploie plus de 6.000 marins sur ses très nombreux paquebots, dont les derniers sont des chefs-d'œuvre de confort et de sécurité ; elle consomme annuellement 350 à 380.000 tonnes de charbon. La jauge totale des navires transatlantiques, naviguant en 1888, était de 150.063 tonnes, et leur force-vapeur de 141.950 chevaux ; ils avaient accompli 1.632 voyages, d'un parcours total de 775.168 lieues marines.

Vingt-cinq mille Français par an voyagent sur la ligne de New-York, tous, nous avons, au Havre ou à Marseille, eu l'occasion de visiter quelqu'un de ces paquebots installés splendidement. La réputation de la Compagnie Transatlantique est universelle, — et elle est hautement méritée, cette devise lui convient : *Nec pluribus impar!*

MAURICE GUILLEMOT

LES DÉCORATIONS PRIVÉES

Cet effort a été considérable. La générosité et l'enthousiasme avec lesquels il fut réalisé, l'élégance et la richesse dont il fut un éclatant témoignage, méritent assurément qu'on fixe ici son souvenir.

C'est à ce titre que nous lui avons, dans un chapitre spécial,

Décoration de la Maison Redfern.

consacré ces lignes destinées à dire comment les particuliers, c'est-à-dire Paris lui-même, a su recevoir et fêter ses hôtes.

Dans cette perspective sans fin qui est la rue de Rivoli, une décoration, entre toutes, sollicitait le regard par sa munificence et par sa belle tenue d'art. C'était la décoration de la maison Redfern. Sur toute la façade de son hôtel courait une profusion de couleurs, de fleurs et de feuillages. Soieries éclatantes, étoffes somptueuses, fleurs rares, harmonisaient leurs teintes dans un ensemble vivant — gracieux décor de plein air, disposé par un ingénieux artiste et que le cortège impérial a salué d'un long regard d'admiration.

Mais ce ne sont point seulement les motifs de cette décoration intelligente qui ont arrêté l'attention du cortège. Au grand balcon de la Maison Redfern se tenait une foule aristocratique. L'Impératrice y a reconnu bien des jeunes femmes, parmi les plus élégantes et les plus jolies de la noblesse russe, ayant accès à la Cour impériale.

C'étaient les clientes du grand couturier auxquelles Redfern avait ouvert, tout grands, ses vastes salons. Durant les fêtes russes, elles y ont été ainsi aux premières loges pour saluer leur souveraine.

Les compliments adressés à Redfern par une bouche autorisée, l'ont récompensé largement de sa peine et de son effort. Cette récompense, d'ailleurs, bien que la plus précieuse qui soit, était la seule qu'ambitionnât le subtil décorateur des charmes de la femme.

Un peu plus loin, au 26 de la Place Vendôme, on remarquait aussi la Maison de Madame Delansorne, cette artiste créatrice qui composa, à l'occasion de ces grandes fêtes, de délicieux chapeaux, des parures, des tours de cou, des manchons de formes inédites et coquettes, tant remarqués par les élégantes raffinées aux réceptions officielles.

Les Salons de la Maison Delansorne pendant les fêtes des Souverains.

Reproduire la décoration de la façade de Morin et Blossier, équivaut au plus élogieux commentaire.

Orner ainsi la maison pour fêter l'arrivée d'un grand souverain, ce fut, de la part du couturier célèbre, comme un acte de courtoisie en même temps que de gratitude.

N'est-il point le fournisseur en titre de la Cour de Russie, depuis bientôt vingt ans?

Il a eu et a encore pour clientes l'Impératrice douairière, les grandes-duchesses Wladimir, Serge, Mecklembourg-Schwerin, Constantin, Pierre; les duchesses de Leuchtenberg et d'Oldenburg ; les princesses Yousoupoff, Bariatinsky, Dolgorouki, Gagarine ; la comtesse Schouwaloff, épouse du gouverneur de Pologne et la comtesse Tolstoï ; Mmes la générale Tchertkoff et la générale Freederisckz.

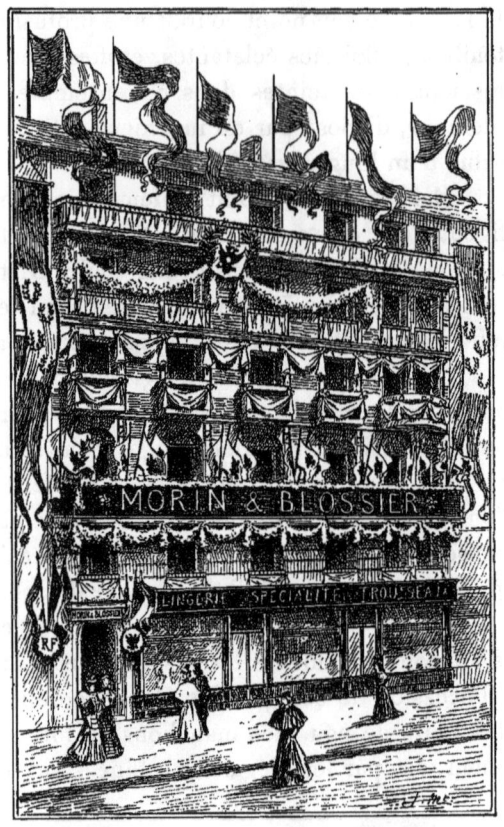

Décoration de la Maison Morin et Blossier.

Et toutes les grandes Cours d'Europe : S. M. l'Impératrice d'Autriche et la majeure partie des Archiduchesses; la reine de Naples; la reine d'Italie; S. A. R. la comtesse Trani ; la reine du Danemark; la reine de Grèce; la princesse de Galles (duchesse de Fife); la princesse royale de Danemark (princesse Maud de Galles); la princesse Victoria (duchesse de Teck); la duchesse de Cumberland, la duchesse d'York, etc...

Il faudrait des pages sans nombre pour citer la longue liste des royales et aristocratiques clientes de la Maison Morin et Blossier.

Elle affirme au loin, par tous pays, la suprématie de Paris, et continue, magnifiquement, la tradition française de goût, de charme et de grâce.

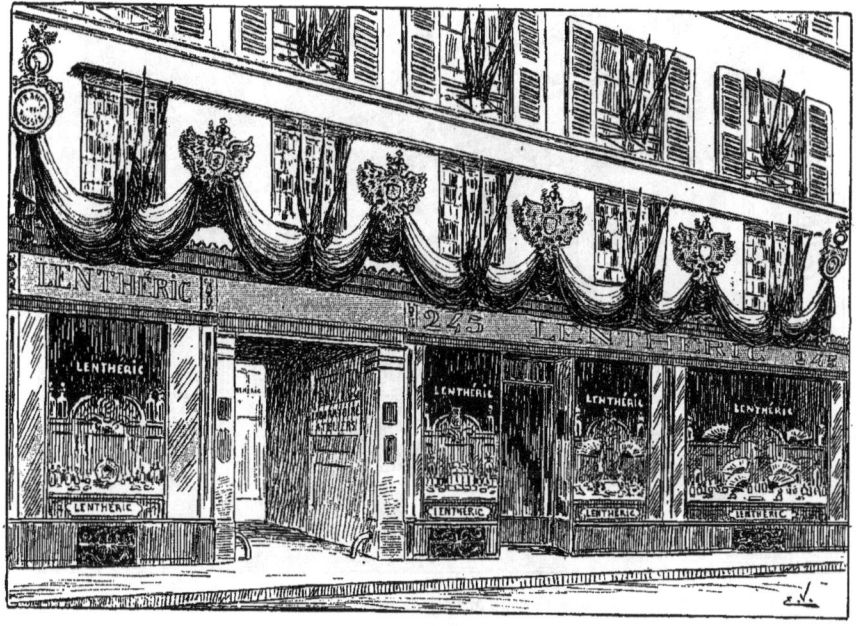

Décoration de la Maison Lenthéric.

L'INDUSTRIE parisienne, durant ces inoubliables Fêtes franco-russes, s'est ingéniée à créer mille objets, mille produits, rappelant la visite de LL. MM. l'Empereur et l'Impératrice de Russie.

Parmi ceux qui se recommandent plus particulièrement à l'attention de la haute Société, nous devons signaler l'heureuse découverte de Lenthéric, le créateur de la Parfumerie des Orchidées, que l'excellence de ses diverses préparations a fait adopter par tout le high-life.

Ses nouveaux produits : essence, savon et poudre de riz à l'Orkidée Impériale ornée de l'aigle russe, dont l'exquisité de l'arome se conserve même après l'évaporation, fait rare, dû à un procédé de distillation encore inconnu, comptent au nombre des créations qui perpétueront d'une manière durable le souvenir de cet heureux et grand événement ; en effet, l'Orkidée Impériale, d'un parfum pénétrant et discret, sera très appréciée et bientôt adoptée par toute la haute société parisienne et cosmopolite. Ce sera un succès de plus à ajouter à ceux de la maison Lenthéric.

Décoration de la *Grande Maison de Blanc* (J. Louvet et ses fils).

C E fut, durant les fêtes russes, entre les grandes maisons parisiennes, comme une rivalité dans la décoration des façades, dans l'éclat et le luxe de l'ornementation. Il importe donc de citer celles des maisons à qui seraient venues les plus hautes récompenses, si récompenses il y avait eu. La Grande Maison de Blanc était certes une des parures les plus remarquées du boulevard des Capucines.

Elle devait à son renom universel autant qu'à son aristocratique clientèle russe de fêter dignement les Souverains amis.

Le grand monde moscovite, toute cette noblesse élégante et riche qui vient chercher en France les éléments de son faste et de son luxe, connaissent bien cette maison parisienne dont les lingeries sont des chefs-d'œuvre de goût, de finesse et de recherche artiste.

Il est banal d'user d'épithètes louangeuses envers Léoty, le *corsetier* providentiel qui divinise la taille de la femme, la fait souple et gracieuse et si évocatrice des charmes défendus, que l'on ne sait ce qu'il faut le mieux admirer, de la taille qui sollicite le regard ou du corset qui l'emprisonne et en dessine amoureusement les formes!

M. Léoty n'est pas un corsetier; c'est un artiste, car un artiste seul peut ainsi harmoniser des lignes humaines en une sveltesse que jalouseraient les déesses de la légende et des époques de pure beauté.

OICI, prise sur la place de l'Opéra, une vue de la décoration de la maison du Docteur Pierre — l'une des plus brillantes et des plus originales de ce point particulièrement célèbre.

Magasin des Dentifrices
du Docteur Pierre

OUTES les Parisiennes et les Parisiens qui ont acclamé les Souverains russes, et qui gardent encore, charmés, le souvenir de leur radieuse apparition, ne se doutent pas que, depuis le règne de la Grande Catherine, la Cour de Russie a choisi comme fournisseur attitré en France, la parfumerie Oriza, dirigée à cette époque lointaine, par le célèbre chimiste Fargeon, fondateur de la maison. C'est pour la grande Impératrice que le savant parfumeur créa l'Eau des Alpes, employée, depuis, par tous les Empereurs régnants, et aujourd'hui par S. M. Nicolas II, l'Impératrice et toute la Cour.

Seul, parmi les parfumeurs de France, L. Legrand, maintenant directeur de la parfumerie Oriza, a eu l'honneur de se voir concéder le diplôme de Fournisseur de la Cour.

En témoignage de sa reconnaissance il a composé une série de produits fins et délicats, aux Violettes du Tsar et à l'Aigle Russe, que leur incontestable supériorité a fait adopter par les hautes personnalités mondaines et dans toutes les Cours d'Europe.

La décoration du Grand Dépôt de Porcelaines E. Bourgeois.

Comme le livre ou comme l'image, la faïence peut redire une époque et en fixer les fastes historiques. Au temps jadis, les artistes ont employé la faïence pour raconter, avec simplicité et une naïve éloquence, les faits mémorables de la vie nationale. Après les plats et les assiettes de la Révolution, les collectionneurs ont recherché *l'assiette de l'Alliance*, que le *Grand Dépôt* offrit généreusement aux convives du banquet offert par la Presse française à l'amiral Avellan.

Devenue aujourd'hui extrêmement rare — à cause surtout de la spéculation qui s'en est emparée — cette assiette a été rééditée par la maison Bourgeois.

Pour un franc, le plus pauvre pourra désormais conserver un souvenir des fêtes inoubliables.

Comme un succès en appelle un autre, le *Grand Dépôt* (21, rue Drouot), vient de lancer les *Verres des Trois Toasts*, où sont gravées, en lettres d'or, les paroles prononcées par le Tsar à Cherbourg, à Paris, à Châlons.

L'idée est d'un patriotisme attentif et intelligent et à ce titre, le *Grand Dépôt* mérite qu'on lui adresse des louanges, Un poète dirait que les deux francs nécessaires à l'achat du verre est un prix bien infime, puisque, pour pareille somme, on trempe ses lèvres à la coupe de l'espérance.

La Maison Quantin.

C'est aux soins de l'ancienne Maison Quantin, dirigée aujourd'hui par MM. May et Motteroz, qu'est due l'édition de l'ouvrage : *le Tsar et la Tsarine en France.*

Préciser l'activité d'art et le merveilleux effort de cette maison qui est parmi les plus glorieuses de la Librairie française, c'est évoquer l'histoire même du Livre à la fin de ce siècle.

Cependant que les éditeurs, conformant leurs productions aux exigences de la foule, allaient vers une vulgarisation immédiate et par cela même dénuée de tout caractère traditionnel, l'ancienne Maison Quantin conservait intacte et rehaussait de richesses nouvelles l'aristocratie du Livre.

Confier l'édition de notre ouvrage à pareils éditeurs c'était attribuer aux écrivains et aux dessinateurs qui collaborèrent à ce volume un cadre de richesse et d'élégance sans pareil.

Un fait, entre beaucoup d'autres, pourra donner une idée du soin artistique avec lequel *Le Tsar et la Tsarine en France* a été édité. Les motifs d'ornementation qui décorent l'exemplaire spécial destiné à LL. MM. l'Empereur et l'Impératrice de Russie sont dus à M. Boin-Taburet, l'orfèvre célèbre qui dota l'art contemporain de tant de beaux chefs-d'œuvre. M. Tourette en a exécuté les armoiries en émaux sur paillons.

Cet exemplaire de luxe de notre ouvrage, offert en hommage aux Souverains russes affirmera une fois de plus le triomphe de l'orfèvrerie française et le nom de M. Boin, héritier d'une maison fondée en 1830, dira éloquemment le bel effort réalisé à cette heure par les artistes de notre pays.

Un ouvrage comme le nôtre, destiné à la commémoration de si grands événements et préparé, dans un espace de temps si court et avec une si riche profusion de documents, a nécessité — il est à peine besoin de le dire ici — des efforts de toutes sortes et une activité d'autant **plus** énergique qu'elle avait à s'exercer dans un délai fixé d'avance.

Il convient donc de reconnaître publiquement — et notre gratitude considère comme un plaisir de le faire hautement à cette place — les services rendus et l'obligeant concours de nombre de personnalités qui toutes, avec une bonne grâce charmante, nous ont aidé dans l'accomplissement de notre tâche et nous ont dévoué leur office.

Nous adressons nos remerciements aux directeurs de *l'Illustration*, du *Monde illustré*, de la *Revue illustrée*, du *Gil-Blas*, du *Graphic*, à M. O. Roty, Membre de l'Institut; à MM. Barbichon, Bardin, Benque, Paul Chauchard, Da Cunha, J. Durand, Fiorillo, Gaillard, Gerschel, Mairet, Nadar, Pierre Petit et fils, Pirou, Gaston Worth, dont l'empressement à nous communiquer des documents graphiques et photographiques nous a été, à plus d'un titre, des plus précieux.

COMPOSITION TYPOGRAPHIQUE
DE
GAUTHERIN

IMPRESSION
DE
CHAMEROT ET RENOUARD
ET
MOTTEROZ

TABLE DES MATIÈRES

FRANÇOIS COPPÉE . . .	Préface	5
TH. LINDENLAUB	Nicolas II	9
A. DE MAUGNY	Alexandra Feodorowna	17
FÉLICIEN CHAMPSAUR.	La journée de Cherbourg.	25
HÉLÈNE BIHEL	A bord du " *Standart* "	38
MARIUS VACHON	L'Entrée à Paris	41
JOLEAUD BARRAL. . . .	A l'Ambassade de Russie	53
Z. DE WASSILIEFF . . .	A l'Église Russe	67
H. VALOYS	A l'Élysée.	75
ADOLPHE MAYER	Le Gala de l'Opéra	87
JEAN DE MITTY	A Notre-Dame.	93
F.-G. DUMAS	Au Palais de Justice et à la Sainte-Chapelle . . .	99
ARMAND SILVESTRE . .	La visite au Panthéon.	103
GEORGES D'ESPARBÈS.	Aux Invalides.	109
GEORGES NANTEUIL . .	L'inauguration du Pont Alexandre III	115
JOSÉ MARIA DE HEREDIA.	Salut à l'Empereur.	119
RENÉ MAIZEROY	La première Pierre	124
PIERRE NEBLIS . .	A l'Hôtel de la Monnaie.	131
ALBERT SOREL	A l'Académie Française	137
FRANÇOIS COPPÉE .	Stances	142
A. GERVAIS.	La visite à l'Hôtel de Ville	145
JULES CLARETIE	Le Gala de la Comédie Française	153
L. DE FOURCAUD	La visite au Musée du Louvre.	161

TABLE DES ILLUSTRATIONS PRINCIPALES

ÉDOUARD GARNIER...	Visite à la Manufacture de Sèvres	167
LÉONCE BÉNÉDITE...	Visite au Palais de Versailles	175
SULLY PRUDHOMME..	La Nymphe des bois de Versailles	188
GEORGES D'ESPARBÈS	La Revue de Châlons	191
VICTOR CHAMPIER....	Les Décorations et les Illuminations	197
ÉMILE GOUDEAU	La Foule	205
ARNOULD GALOPIN...	Les Bibelots Franco-Russes	213
ANDRÉ THEURIET....	Le Tsar et la Province	217

PLANCHES HORS TEXTE

L'Empereur, l'Impératrice, la Grande Duchesse Olga (phot. Lewitzky)	8 bis
Les paquebots de la Cie Gle Transatlantique en rade de Cherbourg, par A. Brun...	32 bis
Arrivée du Tsar et de la Tsarine à la Gare du Ranelagh, par Scellier de Gisors ...	40 bis
Le Seau à frapper, par Georges Gueyton	64 bis
Au pont Alexandre III, par Laurent Gsell	120 bis
Versailles. — La représentation dans le Salon d'Hercule, par Parys	184 bis
Les Illuminations des Grands Boulevards, par René Binet	200 bis
Berline de Gala de Leurs Majestés, par J. Grigny	216 bis

TABLE DES ILLUSTRATIONS PRINCIPALES

En-tête décoratif (composition de Edme Couty)	5
État présent de la famille impériale de Russie. Comte Hallez d'Arros	11
Tableau héraldique et généalogique des huit quartiers de S. M. l'Empereur Nicolas II.	13
Tableau généalogique des huit quartiers de S. M. l'Impératrice Alexandra Feodorowna.	19
Les voici! (composition de L. Couturier)	23
Entrée de l'*Étoile Polaire* dans le port militaire de Cherbourg (phot. Pierre Petit) ...	25
Le grand hall de réception dans l'Arsenal (phot. Pierre Petit)	26
Le Hoche : vaisseau amiral	27
Le Bouvines	28
L'escadre française rencontre les yachts impériaux russes (comp. de L. Couturier)	29
Débarquement des Souverains (phot. Pierre Petit)	31
Menu du Banquet de Cherbourg (composition de L. Couturier)	33
Revue de l'Escadre en rade de Cherbourg (phot. H. Mairet)	35
L'Escadre tirant des salves pendant la Revue (phot. Nadar)	35
Le Tsar, la Tsarine et le Président sur la passerelle du *Bisson* (par A. Brun)	37
Arrivée à la Gare du Ranelagh (phot. Gerschel)	41
Passage du cortège dans les Champs-Élysées (phot. G. Worth)	42
Les Caïds en tête du cortège (composition de H. Toussaint)	43
Passage des Souverains dans le Bois de Boulogne (phot. Pierre Petit)	44

TABLE DES ILLUSTRATIONS PRINCIPALES

Passage du cortège sur la place de l'Étoile (phot. Fiorillo).	45
Chasseurs et Spahis passant devant la Chambre (phot. Nadar).	49
La place de la Concorde une heure avant l'arrivée des Souverains.	51
S. E. le baron de Mohrenheim (phot. Pirou).	54
Les Souverains se rendant à l'Église Russe (phot. Nadar).	59
A l'Ambassade de Russie. — La salle du Trône (phot. Benque).	61
Les Souverains passant rue Saint-Simon.	61
Ambassade de Russie. — Salle à manger.	63
La chambre à coucher impériale (phot. Benque).	64
Chambre de la Grande Duchesse Olga (phot. Benque).	65
Départ des Souverains pour l'Église Russe (phot. Nadar).	68
Le *Te Deum* à l'Église Russe (composition de L. Moulignié).	69
Le Tsar sortant de l'Église Russe (phot. Fiorillo).	73
Plafond de la Salle des Fêtes de l'Élysée (esquisse de G. Dubufe).	77
M. Félix Faure, Président de la République (phot. Camus).	81
Menu du Dîner de l'Élysée (composition de G. Clairin).	85
Trompette des cuirassiers (croquis de Ladislas Loevy).	88
Le Tsar, la Tsarine et le Président se rendant à l'Opéra (par J. Grigny).	89
Programme du gala de l'Opéra (composition de Henri Gervex).	91
Départ de Notre-Dame (phot. Pierre Petit).	95
La visite à Notre-Dame (composition de Laurent Gsell).	97
Les Souverains sortant du Palais de Justice (phot. Pierre Petit).	99
Fronton du Panthéon.	103
Le Tsar et la Tsarine au Tombeau du Président Carnot (par Laurent Gsell).	105
Les Souverains sortant du Panthéon (phot. Pierre Petit).	107
Couronne offerte par le Tsar au Président Carnot (dessin de Étienne Sinet).	108
Le Tsar au Tombeau de Napoléon (par Réalier-Dumas).	111
Les yachts sur la Seine (phot. Pierre Petit).	115
L'arrivée des Souverains devant la Tribune d'honneur (phot. Pierre Petit).	116
Les salves sur la Seine (phot. Pierre Petit).	117
L'arrivée du cortège des jeunes filles (phot. Nadar).	121
Spectateurs à distance de l'Inauguration du Pont Alexandre III (phot. Nadar)	121
Sur le passage des Souverains (phot. Pierre Petit).	122
Modèle d'une médaille gravée par O. Roty.	123
La truelle et le marteau, exécutés par L. Falize.	123
Pose de la première Pierre (dessin de J. Griguy).	124
Les Souverains dans la tribune officielle (phot. Nadar)	125
Les jeunes filles portant le vase de fleurs offert à la Tsarine (phot. Pierre Petit).	126
Le Tsar, la Tsarine et le Président à l'arrivée des jeunes filles (phot. Nadar)	127
L'embarcation portant le cortège des jeunes filles (phot. Pierre Petit).	129
Carte d'invitation à l'Inauguration du Pont Alexandre III (par Paul Merwart).	130
Médaille gravée par Chaplain.	132
A la Monnaie. — Frappe de la Médaille commémorative de Chaplain.	133
Les Souverains se rendant à la Monnaie (dessin de Vavasseur).	135
Le Tsar, la Tsarine et le Président à la séance de l'Académie (comp. de Laurent Gsell)	139
Décoration de la place de l'Hôtel de Ville (phot. Vavasseur).	146
Programme du concert de l'Hôtel de Ville (composition d'Henri Pille).	147
Le Concert dans la Salle des fêtes de l'Hôtel de Ville (dessin de Hoffbauer).	149
L'escalier de l'Hôtel de Ville pendant la visite des Souverains (dessin de Hoffbauer).	151
Décoration du pont d'Arcole (phot. E. Gaillard).	152
Esquisse du plafond du Foyer de la Comédie Française (comp. de G. Dubufe).	153
La loge impériale à la Comédie Française.	155
Programme de la Représentation de la Comédie Française (comp. de Jean Beraud)	157
L'entrée de la Manufacture de Sèvres (dessin de H. Toussaint).	167

TABLE DES ILLUSTRATIONS PRINCIPALES

Les Souverains se rendant à Versailles (phot. G. Worth)	168
La voiture des Souverains traversant le parc de Saint-Cloud	171
La foule à la gare Saint-Lazare (dessin par Vavasseur)	175
Versailles. La rue Saint-Pierre (dessin de Jacquin)	176
Versailles. L'avenue de Paris (phot. Barbichon)	177
Plaquette exécutée par O. Roty en l'honneur de la visite du Tsar et de la Tsarine	178
Programme de la représentation de Versailles	179
Menu du dîner de Versailles	181
Vestibule de la Galerie des Batailles (phot. Barbichon)	182
La Galerie des Batailles (phot. Barbichon)	183
L'antichambre de l'Œil-de-bœuf (phot. Barbichon)	184
Chambre à coucher de Louis XV. Salon de repos de la Tsarine (phot. Barbichon)	185
La Galerie des Glaces (phot. Barbichon)	187
Promenade des Souverains devant les Grandes Eaux	189
Les invités attendant les Souverains aux grilles du Parc (phot. Barbichon)	190
Le Défilé devant la Tribune officielle	193
La Tsarine au camp de Châlons (phot. J. Durand)	195
La Porte de l'avenue du Bois de Boulogne (phot. Bardin)	197
Un coin de la rue de la Paix (phot. Da Cunha)	198
La porte du faubourg Montmartre (dessin de A. Toussaint)	199
La Place de la Concorde (phot. Bardin)	200
La rue de la Paix (phot. Da Cunha)	200
Le feu d'artifice (composition de Ch. Jouas)	201
Le Pont de la Concorde (phot. Bardin)	203
La foule attendant le passage des Souverains (phot. Bardin)	203
Le Rond-point des Champs-Élysées (phot. Da Cunha)	204
M. Lépine, Préfet de Police	205
Place de la Concorde. *La Statue de Lille* (phot. Gaillard)	206
L'avenue des Champs-Élysées (phot. G. Worth)	207
Place de la Concorde. *La Statue de Strasbourg* (phot. Gaillard)	208
La Foule sur les Boulevards	209
Avenue du Bois de Boulogne (phot. Chauchard)	211
Place de la Concorde. La foule attendant le passage des Souverains	211

www.ingramcontent.com/pod-product-compliance
Lightning Source LLC
Chambersburg PA
CBHW050333170426
43200CB00009BA/1570